徽州古村落文化研究丛书

HUI ZHOU SHANG YE CHENG ZHEN WEN HUA YAN JIU

徽州商业城镇文化研究

——以万安为例

冯剑辉 著

合肥工业大学出版社

图书在版编目(CIP)数据

徽州商业城镇文化研究:以万安为例/冯剑辉著.—合肥:合肥工业大学出版社,2017.2

ISBN 978-7-5650-3250-9

Ⅰ.①徽… Ⅱ.①冯… Ⅲ.①商业文化—研究—万安县 Ⅳ.①F729

中国版本图书馆 CIP 数据核字(2017)第 014821 号

徽州商业城镇文化研究

——以万安为例

冯剑辉 著 责任编辑 张 慧 权 怡 章 建

出 版	合肥工业大学出版社	版 次	2017 年 2 月第 1 版
地 址	合肥市屯溪路 193 号	印 次	2017 年 3 月第 1 次印刷
邮 编	230009	开 本	710 毫米×1000 毫米 1/16
电 话	总 编 室:0551-62903038	印 张	10.5
	市场营销部:0551-62903198	字 数	180 千字
网 址	www.hfutpress.com.cn	印 刷	安徽昶颉包装印务有限责任公司
E-mail	hfutpress@163.com	发 行	全国新华书店

ISBN 978-7-5650-3250-9 定价:29.80 元

如果有影响阅读的印装质量问题,请与出版社市场营销部联系调换。

前言　徽商与徽州商业城镇的兴起

徽州地区，位于安徽省的最南部，地处安徽、浙江、江西三省交界。秦始皇灭六国后，徽州置歙、黟二县，属会稽郡，开始有行政建制。东汉末年，孙权在当地建立了新都郡。晋武帝太康元年（280），东吴为晋所灭，改新都郡为新安郡。隋文帝开皇九年（589），改新安郡为歙州。宋徽宗宣和三年（1121），镇压方腊起义后，改歙州为徽州，元代为徽州路，明清时期为徽州府。

在地理上，徽州是比较典型的山区。民间有“六山三水一分田”之称，山地和丘陵占90%以上，其西北部属黄山山脉，南部属天目山、率山山脉，主峰海拔均在1000米以上。清代康熙年间《徽州府志》的作者赵吉士说：

徽之为郡，在山岭川谷崎岖之中，东有大鄣山之固，西有浙岭之塞，南有江滩之险，北有黄山之厄。即山为城，因溪为隍。百城襟带，三面距江。地势斗绝，山川雄深。自睦至歙，皆鸟道萦纡，两旁峭壁，仅通单车。

在各山之间分布着众多河流，分属新安江和长江两大水系。随河流的冲刷和沉淀，在山间形成众多大小不一、山环水绕的谷地、盆地。新安江为区内最大水系，其冲积形成的以屯溪为中心的徽州盆地，面积约155平方公里，是徽州最大的平原地带。这些山地间的冲积盆地，是徽州主要的人口集中区，也是徽州主要的商业城镇所在地。

徽州群峰耸立，山川秀丽，风景宜人，但除少量山间盆地外，农业生产条件较差。境内山地主要为红壤，酸度高，肥力差，稻作条件不好。加之水旱频仍，尤其是夏季的暴雨，宣泄不易，容易成灾。由于土质差，灾害重，因此徽州的农业发展水平一直是较低的。

徽州先民很早就在这块土地上生息了。秦汉时期，当地的土著居民被

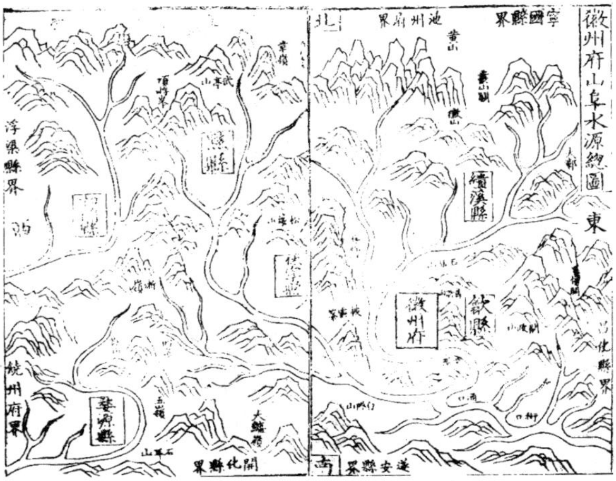

明代版画《徽州府山阜水源总图》

称为山越，对中央政权处于半独立的状态。东吴政权打败山越后，大批山越人被迫出山，徙至平地，一部分用以补充兵源，一部分则成为编户齐民。山越出山，大大加速了其汉化过程，这为中原先进技术和文化传入徽州提供了重要条件。

晋代以后，中原地区不断爆发大规模战乱，大批中原汉族居民向江南地区迁徙。徽州由于山重水阻，地理环境相对封闭，战乱较少，且山水秀丽，成为吸引大量中原移民的地区之一。中原移民进入徽州的高潮时期有三次，第一次为两晋之际，史称“永嘉南渡”；第二次为唐末五代，史称“广明南渡”；第三次为两宋之际，史称“绍兴南渡”。大量中原汉族移民进入徽州，带来了先进的生产技术和科学文化，徽州的木材、茶叶、纸、砚、墨等资源得到开发，有力地促进了徽州经济文化的发展。

徽州的人口也在迅速增加，西晋太康初年，新安郡仅有3000户；到唐天宝元年（742），歙州住户增加到38320户，人口达到24万以上；南宋宝庆三年（1227），增加到124941户，以每户平均5人计，人口应该超过50万；元代，徽州人口超过了80万。元代的徽州已经从秦汉时的地广人稀变成了地狭人稠，由于农业生产水平低，以致粮食长期无法自给，严重依赖于邻境，或依新安江从浙江贩运，或依阊江、乐安江从江西贩运，所谓“壤地相邻，溪流一线，小舟如叶，鱼贯尾衔，昼夜不息，一日米船不至，民有饥色，三日不至有饿莩，五日不至有昼夺”。元代以后，徽州地狭人稠，食用不足，成为一大特点，这是徽商兴起的重要历史背景。

大规模的移民迁入，加上自然繁衍，到宋元时期，徽州人口压力日益突出，为了生计，不得不外出谋生，拓展生存空间。宋代淳熙年间的《新安志》称徽州“力作重迁犹愈于他郡，比年多徙舒、池、无为界中”。可见宋代徽州人外出谋生已经很多。而徽州当地盛产的茶、木、纸、砚、墨等产品在国内有广阔的市场，新安江、长江水运又为徽州开辟了通往江南地区的贸易通道。

唐末以后，中国经济重心南移，特别是南宋王朝定都于临安（今杭州），徽州成为畿辅之郡。新都城的建设，使得无论是皇室与官宦还是街肆商民，皆大兴土木，广建楼屋，广备器物，需要大量的竹木原料和笔墨纸砚。徽州近水楼台先得月，充分利用了这一有利时机发展商业贸易，负贩四方、牵车服贾成为徽州人越来越重要的生活来源。宋代休宁“山出美材，岁联为桴，下淛河，往者多取富。女子始生，则为植檆，比嫁斩卖以供百用，女以其故或预自蓄藏”。可见当时木业贸易已经相当发达了。正是在这种背景下，宋代出现了徽州有明确记载的第一批大商人。祁门善和程氏的程承海、程承津兄弟，富极一时，“乡人号为程十万，每称津为十万大公，海为十万二公，言其家资以万计也”。朱熹的外祖父歙县人祝确，“世以赀力顺善闻于州乡，其邸肆生业几有郡城之半，因号‘半州祝家’”。这样一批势大财雄的商人的出现，反映出徽州商业已经发展到了相当高的水平。

到了元代，徽州某些经济发展相对较快的地区，经商服贾已经形成了相当浓厚的风气。休宁县临近新安江干流，控制了通往杭州的商路，“邑东南自元以来，家皆逐末，农商为业”，出现了一批富有的商人。宋元时期徽州商业的发展，为明清徽商的崛起奠定了坚实的基础。

如果说宋元时期徽州商人的影响还是区域性的，到了明代，这种影响逐渐扩展到了全国。这一方面是因为明代商品经济的发展，特别是自明代正统年（1436）之后，白银开始普遍使用，银作为一般等价物，比传统的铜钱既坚挺又方便，比封建政权发行的纸币的信用也高得多，因此明代国家赋税的征收也逐渐使用银两，这就促进了农产品的商品化和市场的扩大，为以贩运见长的徽商提供了重要的商机；另一方面，更重要的是，徽商在两淮盐业这一国家经济命脉中逐渐占据了优势。

从文献资料来看，徽商开始大规模进入两淮应当是在明代中期。这是因为，明初实行开中制，商人将粮食运住边地，获取盐引，然后到两淮支盐进行运销，山陕商人因靠近北方边境，较徽商有优势。但成化、弘治年间后，朝廷逐渐允许折成银两在两淮交纳，边商、内商开始分化，徽商不必远赴边境进行商屯输粟，也可以通过在两淮就地折色实现开中，在同山陕商人的竞争中，徽商开始摆脱了被动的处境，出现了第一次大规模进入两淮的浪潮。万历年间，实行纲运制，确立专商经营后，徽商的优势地位进一步确立。万历《扬州府志》称扬州盐商多为“徽歙及山陕之寓籍淮扬者”，徽商地位已在西商之上。

明代晚期是徽商发展的第一个高峰。万历年间，歙县吴士奇认为：“嘉隆以来，淮海以南富于财者，贾则山西高氏，宋氏、韩氏，新都吴氏、汪氏，田则三吴徐氏、杨氏、董氏，迭为消长云。”吴士奇以亲身所见，详细描绘了明代晚期全国的重要商业都市，实际上反映的是徽商当时在全国的经营状况：

计天下之为煮卤者十二，……淮南为大，富人子操百万之具，左右运无雍阏，每放舟，上下蔽江数千百艘，艘可当数千金，全楚与江右之半皆仰给焉。……四方都会，南则芜湖，北则临清，水陆辐集，百货是府；其次苏杭，红尘万家，机声札札，男子饬力又多妇功，顾为精精糈以耗食作，淫巧以荡金钱；楚则武昌，荆襄其地辟，多陂泽，有稻鱼菱蕊之利；粤则广州，其地滨海，舶多珍怪，有持不盈掬可娄数百缗者，时随波上下出没；闽、漳、泉之间，明王不贵异物，而两地以此致富焉；蜀则成都，虽在万山中，其地独平坦，水旱无虞，古称沃野千里，天府之国，信哉；北则徐、济、汴、洛、蒲、解、西安，皆四方贸易之场；辽阳、滇中别为一区……江右地啬无所货，独饶之陶。

吴士奇的描述，反映出徽商在两淮盐业这一关系到国家经济命脉的行业逐步占据优势的同时，在明代中后期商品经济发展的浪潮中，已将触角伸向了全国各地，无论通都大市还是孤村僻壤，乃至海外诸岛，都留下了徽商的足迹。嘉靖时谢肇淛称：“新安大贾，鱼盐为业，藏镪有至百万者，其他二三十万则中贾耳。”徽商已经发展为在全国范围内有重要影响力的商帮。

万历后期到清初，是徽商历史上的一个低潮期。一方面，明王朝横征暴敛，矿监税使横行，徽商大受其害；另一方面，明末的战乱对徽商更是一场惨祸。清王朝统治以后，自康熙二十年平定三藩之乱，到乾隆末年，这一百多年是徽商的鼎盛阶段。随着社会的安定，徽商也重新趋于活跃。与明代“藏镪有至百万者，其他二三十万则中贾耳”相比，清代徽州盐商大者上千万，中下者亦以百万计，其实力之强，达到徽商历史上空前绝后的地步。

在徽商这个酵母的催化下，明清时期的徽州教育发达，在人文学术上也达到了极高的水平。徽商利润大量回流徽州本土，“扩祠宇，置义田，敬宗睦族，收恤贫乏”。一方面巩固了宗族制度，另一方面也给后人留下了精美的古代建筑，直至民国年间，“元代所营之室，村之旧者犹数见焉，明代建筑固不足奇矣”。今天徽州的诸多文化遗产，主要是徽商活动的遗存。

明清时期徽商的发展，是徽州商业城镇兴旺繁荣的决定性因素。固然，徽商主要经营地在外地而不在徽州本地，但徽商的资本、经营能力和经营技巧却一样在徽州本土的商业城镇中发挥着关键性的作用。本土的徽商与旅外的徽商之间始终保持着密切的联系，相当多的商人在徽州本地与外地都有自己的经营和买卖。虽然徽州早在宋代就有少量商业城镇的记载，但大规模的发展仍然是明清时期。这一时期的一些重要城镇，如休宁县的屯溪镇、歙县的岩镇、黟县的鱼亭镇等等，都有“千户之镇”“万家之邑”的称号，规模已经相当大，在徽州本土的经济生活中，发挥着重要的作用。本书介绍的休宁县万安镇，正是明清时期涌现的重要的商业城镇之一，同时在科学技术和教育文化方面，也发挥过重要的作用，其独特的魅力，一直延续至今。

目　录

一、万安镇的自然与人文概况

休宁县万安镇，位于县治海阳镇东四公里处。据南宋淳熙年间成书的古徽州志书《新安志》的记载，东汉建安十三年（208），孙权征服歙、黟一带的山越，划出歙县西乡为休阳县，县治设在灵乌山。三国东吴永安元年（258），孙休即位后，改休阳为休宁，“移治万岁山，今万安山是也”。此为万安之名见诸典籍最早的记录。此后，直至唐天宝九年（750），除了隋代的一段短暂时间外，休宁县治一直设在万安。隋末，天下大乱，汪华起兵，攻占歙、宣、睦、杭、饶、婺六州，号称吴王，也曾设治于万安。所以，万安是有着 1700 年以上历史的古镇，在三国至唐中期的 500 年左右的时间里，一直是休宁县的县治，甚至一度成为整个徽州的中心。在长期的历史发展中，万安成为徽州重要的经济与文化中心之一，也是徽州四大古镇之一，其商业发展与文化积累在徽州首屈一指。目前，全镇面积 7. 8 平方公里，辖 19 个行政村，人口 2. 3 万，镇区面积 1. 27 平方公里，人口 1. 1 万。

万安镇卫星照片

（一）横江畔的千年古镇

万安能够发展成为徽州的经济与文化重镇，它自身具备的自然与人文条件是关键。从自然地理上看，万安处于徽州盆地的西侧，地势平坦，土壤肥沃，横江自西北折向东南，像一条弯曲的带子，把万安镇紧紧地裹抱在怀里。徽州大部分地区属于丘陵和山区，农业生产条件较差，万安却有较好的水源和田地，成为徽州先民较早迁居并发展较快的村镇，绝非偶然。

在上述“地”与“水”两项资源中，“水”的重要性尤其突出。水不但为人类生存所必需，对徽州的交通与经济更具有特殊的重要性。徽州地处万山丛中，道路崎岖，陆路交通极为不便，在汽车等现代交通工具出现之前，徽州的对外交通主要依靠水路。从现在遗留的大量明清时期徽州人外出路程的记载即可看出，当时的人出远门一般是坐船，主要靠水路与外界保持联系。休宁县境内最大的河流有两条，一为率水，在南乡，另一条就是流经万安的横江。

横江

横江，又名吉阳水、东港、白鹤溪，源自黟县境内的白顶山，经渔亭东流入休宁境内，沿途会合东亭河、龙源河、紫溪河、夹源河，在万安富来桥会合琅源河，继续东流至屯溪，会合率水，汇为新安江。万安依凭横江，上可达黟县与休宁北乡、西乡，下可达休宁东乡、歙县乃至浙江境内的严州、杭州等地。这个水路运输网络是万安得以与外地沟通的生命线，可以毫不夸张地说，万安古镇，是横江的产儿。

（二）古城岩“寿山初旭”

由万安旧市村折向东南，古城岩紧靠横江东岸而立。虽然仅仅是一处低山丘陵，但“山不在高，有仙则灵”，古城岩以其众多的古代遗址、历史传说和独特的自然景观著称于世，是整个徽州重要的区域象征之一。

清代木刻版画“寿山初旭”

古城岩原名万安山，明代改称万岁山，又称寿山。寿山右侧有象峰，巨象蹲伏，石鼻前伸，长有 6 米余。下有石门夹峙，如双鹤引颈入崖内，俗称“交杯石”。山左前为狮峰，雄峙于横江之滨，峰顶有巨崖悬突。狮峰左有文笔峰，明代在峰巅筑有七级砖塔，巍然耸立，成为今日古城岩最明显的标志。

每当晨曦初露，登立寿山巅东望，大气磅礴，水阔天空。一轮红球，冉冉升起，如火映金盘，光芒四射，红霞灿烂，东方尽赤。少顷，红日普照大地，晴空万里，彩云飞渡，俯视横江，日影与桥影，随波光摇曳，别有一番奇观，使人留恋。清代康熙年间将此景载入《休宁县志》，号称“寿山初旭”，为“海阳八景”之一。

历代登临古城岩的题咏极多，宋代叶秀发即有诗赞叹云：

登古城山观

飞观干霄出，疏松隔坞闻。
水声高下涧，山色去来云。
露舄行秋杪，天花落夜分。
小窗吟不就，清杀沈休文。

清人赵吉士家在旧市村，距古城岩近在咫尺，常登临眺览，文集中有《岩山前晚眺》二首，专记古城岩风光：

宿霭卷晴空，松飙沁心耳。
石门隔尘氛，谷声追杖履。
白浪翻长汀，苍翠拥旧市。
鲂鲤振采鳞，溪光叠罗绮。
云幔覆霞城，俨然新壁垒。
小小邱壑奇，瞩览时徒倚。
回景风烟沉，天白翔阳紫。

丛罗夹路深，清声泛俗耳。
伸脚绝束袜，谁度彭泽履？
急溜激高舂，棕稻成小市。
古埔摩层穷，半空散霞绮。
石溪势回萦，列岫排军垒。
苔藓绣荒皋，翠屏恣攀倚。
虚烟出水南，暝色变苍紫。

（三）潺潺横江水，悠悠高公桥

古城岩紧靠溪岸的文笔峰筑有古塔一座，为今日最明显的标志。此塔建于明嘉靖元年（1522），又名万寿塔，距今已有近五百年的历史了。塔下层外围21.3米，高29.6米，内空直径3.37米，底层红麻石为基，砖砌塔身，六角七层。底层两个拱门，其他每层一门，翘角挑檐，镂有花卉藤草与波浪图案。塔顶为生铁铸就，向东南方倾斜。由于年久失修，1958 年塔顶坠落，计重 2400 公斤。在当时，建造这样一座塔一定所费不赀，可惜由于文献的缺乏，关于它的更多细节今日已经不清楚了，唯有这座饱经风霜的古塔默默矗立，留给后人无限的遐思。

古代徽州人出远门常常是走水路坐船，但河流本身也隔开了两岸的村落，给出行带来了某些不便。在古代，过河一般是靠渡船，条件稍好的会建有木桥。徽州每年夏季梅雨季节降水很多，极易造成山洪暴发，水势陡涨，不但渡船不能通行，就是木桥也常有冲垮之虞。因此建造石桥是最好的办法，但费用通常很高，没有相当的财力和社会各界的齐心协力是无法做到的。古城岩下横江上的高公桥为休宁县现存的七座明代石拱桥之一，距今已有 420 多年的历史了。

明万历十年（1582），徽州知府高时、休宁县令曾乾亨倡议在古城岩畔横江上修桥，以连通万安和水南。当时估计修建此桥需费银万两，用工千人，耗时超过一年。万安镇居安村人黄廷侃慷慨捐资相助，独力修造，完成此桥。黄廷侃是一位乐善好施的大盐商，《休宁名族志》记其事迹云：

卓荦有心计，居积起家，淮南北盐荚悉诣之，每一条陈，使者倚听称善。居家收族，独建大宗祠，置义社、义冢、义田、义宅，独筑古城石梁、亭台，丛祠壮丽。他如黉宫、白岳仓庾、道路，无不应募焉。入粟佐国费，诏赐树坊，特拜七品散官。

黄廷侃虽独资修桥，但事成后并不居功，他认为桥是高时倡修的，故将它命名为“高公桥”。晚明文坛大师歙县汪道昆、太仓王世贞均有文记其事，以王世贞文为佳：

海阳之旧治曰古城，故越国公所筑，至唐始徙。而西十里，五流之所汇，曰渐江。襟邑而东，古城之山实绾毂其口，则车马之所由道也。编苇木而渡，卒然遇水潦，则荡无迹，士女淹，日碛坐遥相唤而已。

徽太守济阳高公时用郎高第来治郡，期年政和而岁登，乃以间案行属邑疾苦，而得其状，叹曰：“民病涉矣，即太守有不腆之辇一，安能如公孙大夫仆仆晨夕，且所济之几何?”属其令曾侯乾亨曰：“为我谋于邑。”荐绅、三老、文学、卒吏咸报曰：“公为邑行李计，意甚善。虽然，是必石而后梁，度其费为金者万有奇。”曾令内忧曰：“藉之官，官帑之寸镪尺币皆版大农矣，且未可以一方之役而勤我民。意者藉之豪乎？有去古城而下流十里者豪一，曰黄廷侃，其人质直可义使也。”乃召而属之曰：“是费且万金，生能为我损十之二以倡诸吏民乎？”廷侃慨然曰：“小人积岁月之赢，以有此橐，而衣食之亡几念有以散之，贵得所耳。一切请独任，毋以烦我父兄。”令大喜，以报高公，则亦大喜。

廷侃乃徙家其所，僝工采石伐木，经始于壬午之季秋，至某年月而告成。厥修八百武，广四轨，崇九仞，其坚若砺矢，矫若崇虹，穹窿若三成之岭。度者足相踵目接而欢呼相属也，后令丁侯某至，盖时时为鼓舞焉。既成，以报高公，复大喜，援诏例予廷侃爵一级，得公乘而会。少司马汪伯玉氏来游其地而壮之，名之曰：“古城石梁。”而纪廷侃义举甚详。廷侃踧踖不安曰：“奈何以一贾人子而擅贤士大夫名？且是梁也，守高公之指也，邑曾侯之所许，而丁侯之所时诲也，余敢奸之？”走其从弟诸生廷直留京谒大宗伯袁抑之氏而叩之，袁公曰：“若所不敢者善。”为大书勒于石曰：“高公桥。”已复走其友诸生吴子玉于吴谒余而请记，余夙善吴子文而义廷侃，不获辞。

按，司马所记称石梁，今言桥者何？考《尔雅》：“梁莫大于溴。”梁郭景纯注：“梁即桥也。”又曰：“梁，石桥也，石杠谓之倚，亦曰桥也。”其独言高公者何？示尊也，亦志所自也。昔汉有崔雍州者，治渭水而获巨木数百章，取而桥之，百姓以为便，遂目之曰：“崔公桥。”而他若召伯之埭、郑国之渠、白公苏公之堤，皆因其人而不之改。盖所著于去后之思，毋忘其乐利也。然李冰之桥于蜀，蔡襄之桥于闽，其巧夺造化而功蔽全镇，仅被之以七星。万安之名而二公若不与者，非百姓之忘，而二公之让也。虽然，其血食于彼地者今犹未已，高公以一念之仁，能发长者谊，不爱万金之橐，以成千百世之业。然至廷侃之为谊，功成而不有其名，以归之高公，则又难也。毋亦高公之德政居平有沦浃于肤髓者，能使人跃然而子来也耶？吾甚嘉之，故记以示后之为人上者，必好仁如高公；为人下者，必好义而终事如廷侃而后可。高公，济阳人；曾令，吉水人；丁令，武昌人，先后成进士有声。

入清代后，高公桥因长年经受洪水冲击，多次毁圮，清康熙五十五年（1716）曾重修，未几又毁圮。乾隆五十二年（1787），休宁县令徐日簪得到徽商汪柽、胡应榛的资助，再次重修：

距邑治东北二十余里，有山曰梢云，一名琅源，洪坞水出焉，南流合吉阳诸水汇于古城岩。石梁跨其上，曰古城桥，由是而东注屯溪山浦口，为新安江，由钱塘而入海。予承乏兹土，是桥之倾圮者十之七八矣。乾隆丙戌年，前靳令欲毁上游之汇源桥，移石成此，厥工甚巨，卒无成谋。桥去东郭外七里，往来孔道，水挟众流，作十日雨，辄暴涨数丈，惊涛崩激，不可置渡，而颓石错出，实舟筏之患。予甫下车，庶政未举，然欲求利民，必先度其病民者。策之休宁最称富阜，众力易举，然君子信而后劳其民，未信则以为厉已也，盖愀然于此者非一日矣。一日，绅士汪启山造予而请，若以前此惟钓名是惧，或适炫其多财也。今幸得予主持，可毋顾虑，愿于此桥蒇事焉。岁及期，适予调任宣城，以竣期告。古城为汪王保障一方之所，一旦台榭丹碧焕然，其右不数武有印石，回流为放生潭，彩虹迢遥，山川形势蔚然生新。一桥之兴废，所系非细琐也。以予之愀然于中而不能释然者，思得启山以藉手，启山必得予而克展其志，不有数存其间哉！桥为门址有三，宽广为仞若干，添石若干，灰若干，为工若干，共计费万金。启山又尝于建德造三建桥，宿松置义渡，建合族祠，率族人输金平粜，置凉亭数处。祖名士铨，钦旌孝子。父名元润，在宿松输米五百石以济贫乏。启山之好行其德有自来矣。俾带蒇其事，而工料不虚，费廪粟不虚糜者，胡致中实董其成。致中尝建万寿宫，修建初寺、学署、敬敷堂及东山如如庵，近又与启山同修古城汪王庙，盖与启山有同志。予为之记于碑，良以得启山为幸，亦望邑人恒得如启山、致中者，不必鳃鳃焉于一桥之兴废已也。启山名柽，乡霞溪人，致中名应榛，本城人。

今天，高公桥有 10 墩 11 孔，长 180 米，宽 6.4 米。桥上原筑有亭，以便行人憩息。20 世纪 70 年代后，由于来往机动车辆的震动，加之缺乏管理维修，桥面毁损严重，栏杆被盗近四分之一，近年来加强管理后，情况有所改善。

（四）徽州先民迁居万安概况

由于万安地处要道，因此很早就有先民在此聚居。在长期的历史变迁中，万安出现过多个大家世族。到明清时期，当地有俞、汪、任、吴、戴、黄、何、闵、邵、曹、游等十余个大姓，都有悠久的历史。成书于明代天启六年（1626）的《休宁名族志》不但对这些家族迁居和繁衍的历程作了较细致的介绍，而且罗列了这些家族中历代较为出色的人物，其概况如下：

俞。俞出轩辕氏，有讳柎者，黄帝俞其言，遂赐为姓。徽州俞氏为东晋征西大将军俞纵之后。唐末广明年间，俞纵之后俞昌迁居婺源长田。二十一世曰辰生，愤元浊乱，不乐仕进，筑室独居，明经训子，时人称为

高公桥

“独居先生”，谓所居之巷为俞家巷。二十二世曰佑，苦元征发，密以其子玄德籍入万安编民，遂迁居万安。

余。余出大禹之后，大禹之子曰罕，封涂山，以涂有余，遂以为姓。东汉末曰仁赡，渡江居闰州丹阳。西晋永嘉年间曰祥，迁居歙县余岸，为徽州各派之祖。余岸后裔曰大信，又自余岸迁休宁邑东之万安街，以姓配地，名曰“余头村”。

黄。黄出嬴姓，陆终受封于黄，世奉黄帝之祀，子孙以国氏，世望江夏。晋有讳积者，为考功员外郎，从元帝渡江，任新安太守，卒葬郡西姚家敦，为徽州黄氏始祖。万安黄氏是著名的大族，分为两派，均为黄积之后。一派出自祁门左田，始迁祖为黄积二十九世孙天顺，宋乾道间登进士弟，初授将侍郎，转任富阳、邵武县令，后任休宁县令，治政廉能，民心悦服，迁居万安中街。万安黄氏的另一大派出自休宁五城，黄积四十七世孙晖，字孟昭，从赵东山、朱枫林游，元代至正末避乱不出，讲业邑之松萝，万安余征君聘居讲席，得其文行，以女妻之，因家于万安桥西，是为桥西派始祖。

汪。徽州之汪奉春秋时鲁国颍川侯为始祖，据说鲁成公次子生时有文在手，类似“汪”字，遂以汪为名，子孙亦以汪为姓。实际上，徽州汪氏大多为颍川侯的四十四孙汪华之后。万安水南村的汪氏出自汪华长子汪建，建六传曰质，由歙迁新建，又四传曰思立，赘居歙县之唐模。又七传曰延俸，迁居歙县县城，其子承辉又移居于城西，生二子，长曰士宗。宗生琊，精于堪舆。弥长子希韶，隐于耕读。希韵子曰毅，幼孤，尝侍祖母程氏至万安水南村，治产于水南，殁葬于水南之九堀塘木樨树下，名曰“木樨汪氏”。

任。任出黄帝之后，黄帝二十五子，十三人各以德为姓，第一子为任氏，世望乐安。南朝时乐安人任昉，字彦升，以学问著称，仕梁，天监中出任新安太守，爱新安山水之胜，遂家焉，为徽州始迁祖。元代，任昉之后曰鼎，迁居万安。

闵。闵出殷帝乙之后，食采于微，周封微子于宋，以奉殷祀。传至闵公捷，有国难，辟居闵公山之旁，子孙遂以闵为姓。汉末避乱，南迁浔、鄱。南朝梁武帝时，闵弦任歙县令，迁居歙西葛子桥，为徽州始迁祖。十一世孙玉于唐元和年间迁居歙县岩镇。元代，闵福一迁居万安，诗礼传家，为万安闵氏。

吴。吴始于黄帝，十四世而至泰伯。武王定天下，封泰伯之后于吴，使世奉泰伯之祀，此为吴得姓之始。春秋时，泰伯二十世孙曰季札迁于延陵，此后吴氏多号延陵。万安吴氏出自开化柳山，至十六公曰回，因五代年间的战乱而迁休宁之浯溪。历十世至三七公焊，生子六十公昊，迁于万安。吴氏是万安最强大也最有影响力的世家大族。

曹。曹本姬姓，周文王第十三子叔振铎封于曹国，其后衰微，子孙遂以曹为姓。曹叔振六十三世孙尚贤，避黄巢乱，由青州迁居休宁，为休宁始祖。传五世曰仕祚，为上宅派；曰仁祯，为下宅派。下宅派十五世孙蕃佑，迁居万安，为万安曹氏始迁祖。

王。王本姬姓，周灵王太子晋登仙于伊洛之间，子宗敬为司徒，时人号曰“王家子孙”，子孙遂以王为姓。王姓支派众多，瑯玡王氏裔孙王壁为南唐尚书，迁居祁门，有九子二十三孙，分居徽州各地。十世孙祈迁居万安涨山铺。

游。游始于郑穆公之子偃，偃字子游，其后以字为姓。其后裔散居豫、闽、越之间。五代时从王审知入闽，至宋有讳酢者，字定夫，中元丰六年进士，居闽之建安。宋室南渡后，酢六世孙曰寿，字仕安，由闽之长乐迁居万安。

何。何出姬姓，周成王弟唐叔虞裔孙韩王安，为秦所虏，子孙因此易韩为何。宋徽宗政和年间，何友信任职歙州，家居歙西永丰路口传溪长枫树下，裔孙万亿迁居万安富来桥。

万安——中国历史文化名镇

从上述各宗族迁居万安的缘由来看，躲避战乱、为子孙寻求更好的发展空间是主要原因，而迁居的时间主要是从唐代到元代。这当然不能代表历史上迁居万安先民的全貌，因为至迟从三国时期开始，万安就应该有人居住，但现在的文献没有留下任何记载，所以，上述记载，大致只能反映到明代末期还存在的万安大家世族的情况。从明末至今，又有三百多年过去了，《休宁名族志》中记载的有些万安的宗族，例如余氏家族，在当地已经不见踪迹了。可是依《名族志》的记载，当年的余氏家族迁居万安后，还是出过一些有相当地位的人物的：

传八世曰德明，为翰苑学谕。十六世曰永敬，授宁都县尉。曰福，授太医冠带医士。十七世曰禧，字天锡，由郡廪领成化八年贡，授绍兴府经历。十九世曰器，字希天，由邑廪领嘉靖十七年贡，应廷试第三名。二十世曰仲仁，授太医院冠带医士。

可见当年万安的余氏家族既有做过官的仕宦，也有在太医院任职的名医。然而，今天在万安遍访80岁以上的老人，都说从未听过当地还有过一个余氏聚居的余头村。在今天的行政村、自然村乃至一般地名中，确实找不到任何余头村的影子了。可见，过去的300年中一定发生了某些特别重大的变化，导致余氏家族完全从万安消失了。世事变迁，沧海桑田，若非《休宁名族志》确有此记载，谁还会知道当年万安余氏的这段往事呢？

（五）古徽州的消防文化：万安水龙庙会

万安是商业重镇，店铺鳞次栉比，内部结构基本上是木质的——木屋架、木楼板、木隔墙。此类木结构的传统建筑，一旦遇上火患，极易迅速延烧，稍不注意，就会蔓延到左邻右舍。一次火灾，往往会吞掉商家几十年辛苦劳作的积累，乃至家破人亡。因此，防火灭火就成为徽州人生活中的一大要务。徽州先民在长期的防火实践中，逐渐形成系统的防火消防文化。例如在房屋建筑中，木结构尽量不外露，室内广设水池等消防水源，合理划分防火建筑区，等等。

明代中期以后，由于徽商发达，人员货物日益集中，火灾危害愈加严重。弘治十六年（1503），何歆到徽州任知府后，屡遇火灾，他在总结长期防火经验的基础上，提出“降灾在天，防患在人，治墙，其上策也”，下令府城中百姓“五家为伍，壁以高垣！”即以五家为一伍，建造高墙，防范火灾，违者治罪。一开始时，百姓多有不理解者，行动迟缓，不久城中又发生火灾，“灾不越五家而止”。于是，百姓踊跃参加筑墙，不到一月，府城内所建封火墙达到两千多道，各地村镇所建不低于一千道。此法大收其效，“自后六七十年，无火灾，灾辄易灭”。自此以后，以高墙配以巷道的防火规划，在徽州得到了广泛的运用，成为徽派建筑的一大特色。

徽州消防的另一大特色，是非常重视群防群控。民间义务性的消防组织非常普遍，较大村镇都建立了水龙会、救火会一类的群众性消防组织。万安街的水龙庙会就是当地最重要的民间消防组织。水龙庙位于下街当铺巷内，始建于何时已无法考证，据当地老人介绍，它是一座庙宇式的徽州建筑，坐东朝西，占地面积一百五十平方米。“五凤楼”门楼，中间是天井，两侧是厢房，殿堂三开间，高大宏伟。殿堂正中供奉一座“歪头老天菩萨”，北边是水龙房，存放两大、两小的水龙四台和其他消防器材，南边是和尚的卧室。水龙庙里有一痊和尚，既侍候菩萨，又守护水龙，既是佛门圣地又是水龙房，称得上是一种绝妙的管理模式。

可惜的是，1987 年房屋改建时，水龙庙被拆毁，庙内遗物皆已不存，唯有一块《复办水龙碑志》现在万安小学内，详细记叙了同治、光绪年间水龙会的捐款和开张情况，全文如下：

今将乐输芳名列左：

同治五年，古黟各号共捐洋一百四十七元，又取息洋十四元，共支洋一百三十一元，除支仍存洋三十一元，打锡水龙、办笆斗及救灾使用细账录簿中，入乙亥年簿总关。

光绪元年，阖镇捐助列后：

同兴典捐洋念二元；鼎泰典捐洋二十元；叶益隆捐洋二十元；孙牛记捐洋十六元；曹元泰捐洋拾二元；鸿昌颐捐洋十一元。

方义茂、曹氰泰、金德泰、舒叙昌、苏聚和、恒达酱园、胡森茂，以上七家各捐洋十元。

信干泰捐洋八元；兴记捐洋七元；胡椿茂捐洋七元；刘诚昌捐洋七元。

吴绍修、刘庆丰、程裕生、宁信发、祥记、孙成记，以上六家各捐洋六元。

吴大有、福成坊、方德茂、兆泰行、裕大酱园、程和顺、元和，以上七家捐洋四元。

刘文龙、孙福泰、泰山、潘日新、程德泰、刘朴如、德生、恒泰、焦怡发，以上九家各捐洋三元。

和茂、祥裕、万茂、永茂、胡松盛、刘松山、柯大成、胡万盛、信源、永隆、德源、隆兴碓、义聚、曹聚泰，以上十四家各捐洋二元。

泰兴染坊捐洋五元。

吴义兴、三余堂、长生馆、裕茂、义昌、程秉章、永兴、曹隆兴、郭益春、源大、□昌、郑天居、复隆、清和、复典、德十、聚盛、杜松盛茂、原裕、源顺、恒顺、源盛、复兴双福、彩章、元裕、万盛、德昌、张彩文、广泰、怡顺、松盛、椿和，以上三十三家各捐洋一元。

鼎盛捐洋五钱；金顺捐照光二枝，源茂捐太平钩二个；正泰捐洋三元；天益捐洋二元五钱；□泰捐洋二元；怡泰捐洋一元。

共捐洋三百九十六元整。

支洋二百零二元九钱三分二厘，置办水龙四座；支洋伍十九元七钱置笆斗二百六十双；支洋六十二元一钱九分二厘置一切零对象。

除支仍存洋七十一元一钱七分六厘。

大清光绪二年岁次丙子年月谷旦

从这块碑上可以得知，光绪元年（1875）为万安水龙庙捐款的店铺达到九十二家。水龙庙负责筹集消防经费，购置与管理消防器材，组织开展各种消防活动，奖励救火有功人员。所筹经费除用于购置消防器材外，还用于奖励积极参与救火的人员，如挑一担水到火场，就发给一支竹筹，竹筹上印有“火印”，灭火后的第二天，凭竹筹到水龙庙领取报酬，三四支竹筹换一升米。

每年农历四月初十开始，水龙庙举办大型庙会，时间持续三天，形式非常隆重，规模也很大，活动内容丰富多彩，影响深远。全镇的人都要来参与，周围四邻八乡的人也前来观看。庙会期间，要把水龙庙里的大小水龙、水枪及其他器材全部摆在外面展示，让人观看，各商号自备的小水龙、水枪等消防器材也要拿出来展示。集会期间要进行水龙、水枪出水灭火演习，并开展一系列的消防竞赛活动，通过演习、竞赛等多项活动，宣传防火知识，提高防火意识，并对消防器材的数量、质量进行检查和检验。这种行之有效的、声势浩大的消防宣传形式，宣传面广，影响大，效果显著。

万安桥头

庙会期间要演三天三夜的戏让人观看，这种戏称为“火烛戏”，戏名、戏文都要与“水”有关，如“水淹七军”“水漫金山”等等，把防火宣传寓于娱乐之中，不失为一种较好的方法。

水龙庙会的活动期间，对于商家来说，是一个极好的商机，四邻八乡前来看热闹的客人，必然会借这个农忙前的机会采购一些农耕和生活必需品。庙会轰轰烈烈，商家财源滚滚，商人出资办庙会做善事，宣传了防火，提高了防火意识，同时又给商人带来了财源，一举两得，有出又有进，良性循环，所以水龙庙会年复一年，越办越红火。

万安的商人除了积极参与做好全镇的公共消防外，同时也十分重视自家的消防设施建设。店家依据自家的经营场所规模大小，配置小水龙、铜水枪、千斤缸等灭火器具；此外还备有一种特制的灯笼，用于火场照明，这种灯笼比普通的灯笼要大一倍，灯杆也长许多，灯笼上写着“备而不用”四个字，意为水龙、水枪等消防器材都配置了，却祈望永远用不着它们，以图吉利，平安大发。这种“备而不用”的防火观点，应该说是一种相当科学的防火意识，与今天提出的“花钱买平安”是同一个意思。

二、万安徽商

（一）“小小休宁县，大大万安街”

经过历代先民的艰辛开拓，万安得天独厚的自然条件，尤其是水运条件得到充分的开发，建立了非常多的水陆码头，休宁方言中一般叫作水埠头。万安现存较完好的水埠头有十二处，虽然现在已不再具备原有的功能，但仍然可以领略到当年水运繁忙的景象。

万安水路码头可分为渡头、私人码头和公共码头等，各具特色。渡头位于富来桥南侧，主要用于渡人而不是渡货，人们可以沿石板坡道直下至江边上船。私人码头现存两处，位于上街富来桥西侧。此类码头从江边直通店铺或住宅后门，上下方便，但用地较为局促，踏步石常作迂回曲折形布置。公共码头多通过巷道与万安街连接，几个方向而来的石阶汇成数段，组合成踏步石至江边，周围往往有一块稍大的平地，方言中称为“坦”，以方便货物的临时堆放。这些码头的踏步石并不直接冲入江中，而是转折迎向或侧向江面，便于船只的停靠。

水埠头与巷道联结的建筑格式是徽州码头的一大特点，这与徽州的气候和水文特征密切关联。徽州降水量较多，但在时间分布上极不平衡。以休宁县为例，年平均降水量约为1613毫米，春夏两季水量大，秋冬两季降水则很少。尤其是夏季的6、7月，占全年降水量的40%左右，常有暴雨，极易涨水，形成洪涝。在这种情况下，居民区一般要尽量筑在高地上，而水埠则要求尽量靠近水面，因此修建从低处水埠通向高处街巷的巷道就成为一种必然。明清时期，徽商发达，水埠的巷道往往做得相当考究，多以麻石砌成多级的高台阶，两旁则利用原有民居的外墙。巷道之上常建有砖木结构的小亭，飞檐雕梁，既可遮风挡雨，便于人货通行，又是闲暇休憩、眺望风景的好地方。

今天，在万安中街还存有一块清代嘉庆二十一年（1816）为修建水埠亭而立的石碑，记载了当年的捐款和使用情况（字迹模糊者以□代）：

今将重建五图船埠头水埠亭收支开列于左：

各号芳名：

舒源丰输银二十两，程光裕输银二十两，怡源号输银五两加二两，益泰号输银四两，吴德昌输银四两，益盛号输银四两，益丰号输银四两，焦广生输银三两加五钱，□盛号输银三两，正太典输银二两，苏隆兴输银二两，杜元茂输银二两加一两，隆盛号输银二两，德源馆输银一两，颐生堂输银一两，聚和号输银一两，源泰号输银一两，茶饭馆输银五钱。

上共收银八十三两六钱三分。

支用列左：

支银七十五两整，石匠包做埠头；支银一十四两整，木匠包做亭；支钱五百一十文，藤洛；支钱一千文，石匠神福；支钱三百九十文，畚箕；支钱一千九百五十文，瓦一千五百片；支钱四千七百二十七文，石板；支钱七百二十文，□石工；支钱八百文，石磉；支钱五百二十文，凿神像；支钱六百文，砖匠工；支钱五百一十七文，石灰；支钱二百二十□文，铁器；支钱一百十二文，漆匠工；支钱一千一百文，石碑；支钱六百四十一文，凿石碑。

总共支银八十九两整，钱十三千七百九十四文，七六伸元十八两一钱五分。

二共支用过银一百零七两一钱五分，除收仍缺银二十三两五钱二分正，程光裕、舒源丰对派讫。

嘉庆二十一年岁次丙子仲冬月

从这个记载中可以看出，当年重修一个水埠亭需要用到一百零七两白银，这是一个什么样的数字呢？《红楼梦》中的刘姥姥说过，二十两银子够一户普通的庄户人家过一年。《红楼梦》中反映的是属于清代乾隆年间的情形，与嘉庆年间应该基本接近。所以，这次重修水埠亭的费用够当时一户普通家庭五年的生活费用，这不是一个小数字。这还只是重修一个水埠亭，不包括兴建水埠头和巷道的费用。由于洪涝无常，水埠冲毁或年久失修的所在多有，一修再修的情况很普遍，这些费用叠加起来是相当高的，历代万安人为兴建和维护水陆码头所做的投入一定是相当高的。

当然，万安在水陆码头建设上的投资获得了丰厚的回报。由于水路运输发达，万安成为新安江上游乡村农副产品交换的重要吞吐口岸，活跃了休宁县及周边地区的经济发展。旧时休宁县的茶叶、竹木及其他土特产通过万安源源不断地运出，沿新安江而下泛杭州，春水潮涌之时，三天即可

重修水埠亭碑

到达，极为方便。徽州紧缺的食盐、煤油、布匹等生活必需品，又通过水路从万安不断输入。即使休宁县城海阳镇与万安相距不过三里路，也难以取代万安的地位，以至有“小小休宁县、大大万安街”之称。

万安水南村有一位高龄90的退休教师胡名若，目睹了当年万安商业兴盛的局面，他回忆说：

在抗日战争以前，包括抗日初期，万安都是非常热闹的。当时交通主要靠水运。即使是公路开通之初，因为运价很高，还是要靠水运。当时休宁县城的水运条件比较差，因为县城的埠头在城外的下汶溪，当地的运输成本比万安贵，东西价格高。万安可以直接靠岸，价格低，生意比休宁好。北乡的蓝田，西乡的渭桥、岩脚都到万安进货，不到休宁进货。当时歙县徽州府、岩寺这一带的商人主要也是与万安打交道。万安的发达，是交通条件决定的。

商业的发达，使万安沿横江北岸，形成了一条繁华的商业街道。明代弘治四年（1491），程敏政编纂的《休宁县志》卷五“市镇”条下称：“万安街，在县东五里。”这是典籍中关于万安街最早的记载，距今已有六百年了。万历三十五年（1607）李乔岱编纂的《休宁县志》卷一“街巷”条下则称：“万安街，长三里；旧市街，长二里。”万安街与旧市街其实是完全连在一起的，足见明代晚期，横江之畔的万安商业街已经有五里长了。从当地采访中得知，清代乾隆年间万安街更为发达，上街延伸到车田村，与休宁东街几乎衔接在一起，在车田有一座四角牌坊，上书“万安街头”，为万安街起点。下街则联结旧市街、涨山铺，整修街道全长近十里，这是万安街的极盛时代。

万安老街

万安传统商业街的特色主要表现在四个方面：

一是经营特色。万安古街沿街建筑大部分是由各种店铺组成，街面上现存旧有店铺一百余家。在众多的商家中，除少数为当地居民服务外，大多数兼有批发、贸易货栈的功能。其经营既有多样性又有特色性。多样性是指包含了人们日常生活中的绝大部分商品；特色性是指徽商的“四大行业”——盐、典、茶、木在万安都占有一席之地。

二是街道空间特色。古色古香的街道和两侧建筑构成了一个宽高比为1∶1.5～1∶2的街道剖面空间。两侧店铺的木排门在营业时完全打开，把街道空间引入室内，使商业活动空间明显加大。因为随着街道的剖面空间从街道、檐下延伸到室内，对应的商业空间也由室外、半室外和室内所组成。人们选购货物、洽谈业务都在店堂内进行，而不影响街道上人流的行走。万安街随地形而自然曲折，在线性空间的基础上，又富于变化，如沿街道有风雨廊可供人们休息、观景，体现了“以人为本”的原则。在富来桥北头，街道作了直角拐弯，视觉空间顿生变化，有“引人入胜”之感。

三是临街立面特色。沿街建筑的立面形成了传统商业街的风貌，万安古街最主要的特色是以其单体建筑的无个性而表现出的整体的个性。原商业街有八成以上的建筑为木排门，基本上是两层，檐口高度多在5.5到

6.5 米范围，无突出的标志性建筑。这与徽州传统民居建筑封闭式立面、突出的门罩显有不同，具有浓厚的商业气息。

四是建筑形式特色。古镇最有特色的是亦店亦宅的房屋。这类临街而建的二层建筑，底层面街多为整间的木铺板门，随时可以打开，便于运货、经营。店铺的房屋大致可分为前店后宅式、前店中坊后宅式、下店上宅式和坊宅混合式四种。

万安老街

前店后宅式房屋的主人大都是做贩运、批发生意的，需要较多的储藏空间。房屋前进开店，后进做宅，中间的天井平时可以为日常生活所用，货物多时也可以临时堆放。小型门面为一开间，大型门面为三开间。

前店中坊后宅式房屋是一些自产自销的商号，拥有自己的作坊，出于功能上的安排，为了与固有的住屋形式相适应，这类房屋多在头进安排了“销”的店面，二进作为生产的“坊”，后进用作居住的“宅”。从实用的角度出发，往往头进和后进的房屋稍大并有雕刻装饰，而二进空间则比较简单而局促。

下店上宅式房屋由于受宅基地的限制，无法在纵向轴线上开展建设，因而形成了这类结构紧凑的建筑结构形式，楼下经营部分高大而宽敞，楼上较为矮小，临街开窗。

坊宅混合式房屋多为手工艺人所有，由于所需场地并不十分宽敞，主人也不富裕，因而产销往往就混合在住宅的起居部分进行。这种家庭作坊式的产销，能够激发人们的购买欲。

（二）明清万安徽商概况

明清时期是徽商的兴盛时代。嘉靖《徽州府志》称：

徽之山大抵十居之五，民鲜田畴，以货殖为恒产。春月持饷资出贸十一之利为一岁计，冬月怀归，有数岁一归者。上贾之所入，当上家之产；中贾之所入，当中家之产；小贾之所入，当下家之产。善哉，识低昂，时取予，以故贾之所入视旁郡倍厚，然多雍容，雅都善容仪有口，而贾之名擅海内。

明清时期的休宁商人足迹遍布全国各地，在徽商中足以与歙县商人相比肩，万历《休宁县志》记其盛况云：

概邑中土不给食，大都以货殖为恒产。商贾之最大者举鹾，次则权母子轻重而修息之，千百中不一二焉。其他藉怀轻资，遍游都会，因地有无以通贸易，视时丰歉以计屈伸。诡而海岛，罕而沙漠，足迹几半禹内。

明清时期的万安商人的足迹同样遍布江淮吴楚，出现了一批事业有成的大商贾，以下姑举《休宁名族志》有记载的明代数人为证：

黄天启，号双泉，好读书，通大义，以盐荚起家，事嫡母至孝，敬伯兄尽悌，处心平恕，操履端方，释忿解纷，焚券蠲贷，乡里德之。配邵氏，有懿德，经义相夫子，以孝事舅姑，内外称贤，不幸中年夫殁，训抚二孤。长曰钤，湖广布政司令史；次子钿，幼称奇童；又先后继亡。邵哀恸饮泣，乃脱簪珥，伐石为茔于桥西外园，左葬夫而右虚己，附二子于旁。又立先世神主，刻石为夫像于宅中堂，附己像，并二子配亨。得计田产输入用清公清明，俾四房世奉其祀。迄今五十余年，宛如一日，非女中丈夫，其孰能之？

黄铃，字本达，号继村，幼失怙，好读书，敦孝友，睦族邻，重然诺，乐施予，晦迹俭朴，恤寡怜孤，不责偿，焚负券，言简而信，德施而隐，禔躬以正，处友以诚，郡守洪公举以乡宾，坚辞不赴，郡守益重之，檄县双旌以“高德敦义”。

黄胜高、黄佳高，轻财重义，乡有斗必和释之，街之北乡道阻莫通，因就舍傍取巷，捐资砌石，以便往来，即今鱼鳞、归户二册注曰“黄家巷”。里人汪回嘉其义，为之记。又见市去河远，取汲维艰，即于屋前独力石造义井，有腹痛者饮之立瘥，里人范顺为文以记之，迄今名为“黄家义井”云。

黄廷松，字鹤友，候选州同，重然诺，急公忘私，曾蠲让租千石，东乡自万安至城孔道独力鸠工修治，练浦堤，捐资砌筑，邑令万奖以“硕德清高”。还古书院倾圮，踊跃捐资，独肩其任，邑令胡、儒学曹勒碑记其事，江右吴城镇创建新安会馆，首为佽助，又于新建买地为义冢，制府尹给额曰：“青山表德”。

汪道斌，慷慨侠烈，久困章句，遂弃儒，效计然策，以盐政起家。

汪良，字民望，号斗南，天性考谨，沈毅有谋，及父耄乃服贾，以信义自守，以忠恕交人，故人人乐与同游，一时声播远迩，骤起淮扬，视他贾若霄壤尔矣，乃推泽以及宗族乡党，寒者衣，饥者食，博施济众，解斗释纷，人多诵义焉。

上述商人的经营行业，明确提到的都是盐业，“骤起淮扬”的汪良则是一位在两淮经营的大盐商。两淮盐商正是明清徽商中实力最强的一支，清代时一度达到“全国金融几可操纵”。万安出现这么多在两淮经营的盐商，正是当年商业实力强大的明证。

万安老店

（三）近代万安徽商的盛衰

万安街的衰落是从清代晚期开始的。道光年间，徽州盐商走向衰落，严重削弱了徽州商帮的实力，而咸丰同治年间的战乱则给徽州造成了严重破坏。尤其是咸丰十年（1860）八月至次年四月间，太平军侍王李侍贤率部先后攻占歙县、休宁等地，湘军统帅曾国藩则驻扎祁门，徽州成为双方交战的主战场之一。一时间，大军云集，双方在休宁、黟县、祁门一带反复拉锯，连场苦战，血流成河。万安是休宁县城在东乡的门户，咸丰十年九月被李侍贤部攻占，十月，湘军主力鲍超、张运兰部与太平军在万安一带爆发了一场激烈的战斗。曾国藩在战后上奏称：

初二日，鲍超移营西馆，张运兰移营迪祥湖，距休城皆十余里。初四日，贼（按，指太平军）四五千欲由榔市扑迪祥营，张运兰派队出击，阵斩伪将军汪怀忠及冲锋贼百余，枪伤数百名。侍讲衔宋梦兰带安勇协剿，亦多斩获。初六日，攻城，贼伏不出。探知徽州援贼麇聚休东万安街，与城贼相犄角。鲍超、张运兰会齐，于十五日出其不意，夹击大破之，追十余里，杀贼二千有奇。伪侍王李世贤因休宁围攻甚紧，由严州退徽州，十六日，解子药大炮进休城。十七日，霆、湘各营乘胜攻之。北门出贼数千，张运兰挥兵直前，鲍超督马、步左右包抄，杀贼千余，复围东门贼营。贼弃垒逃窜，斩馘殆尽，立毁垒二座。将弁兵勇受伤一百三十三名，阵亡八名。此十月初四至十七日，进攻休宁县城之实在情形也。

曾国藩的这道奏折，没有详细道出当时万安遭受破坏的详细情况。根据实地调查，可以断定，湘军所谓的“斩馘殆尽”“毁垒二座”，实际上是把大半个万安街都给烧了，尤其是上街靠近休宁一带，几乎被烧得一干二净，今天从车田至休宁东门一带还能看到当年火烧之后残留下来的残垣破瓦。这是万安街空前未有的一场大浩劫，给当地人民带来了深重的灾难。这场大浩劫过后，明清时期万安的强盛宗族有的完全找不到踪影，前述的余氏宗族所聚居的余头村极有可能就是在此次战火中被全部焚毁了。据县志记载，道光年间，万安街上有金氏、黄氏、吴氏、俞氏、闵氏等多个宗族的祠堂，这些祠堂在战争中都遭受了严重的破坏，除吴氏祠堂战后曾重建外，其余的都奄奄一息，今天也完全看不到影子了。近代的万安居民，大多数是战后从外地迁入的，有百年以上历史的极少。

同治五年（1866），太平天国战争结束后，徽州经济逐步复苏。今天，万安街上的传统建筑，绝大多数就是同治、光绪和民国年间修建的。从总体上看，晚清和民国年间的徽州商人是在走下坡路，在全国范围内也失去了过去那种可以操纵国计民生的影响力，但仍然保存了一定的实力。这一时期万安街上的店铺，除部分是由本地人经营的之外，大多数是黟县、青阳一带的商人在经营，黟县人尤其多。沿街有百货、南北杂货、布匹、糖果、酱园、国药、烟酒、文具、刻字、罗经等五十多种行业的近二百家店铺。休宁县档案馆藏有一件1950年12月的工商联档案卷宗，登记了新中国成立初期万安街尚存的主要店铺，见表1所列。

表1　新中国成立初期万安街的主要店铺一览表

字号	类型	开设时间	创办者	字号	类型	开设时间	创办者
胡林茂	国药店	民国年间	胡森茂、胡耀堂	恒达	酱坊	1949年	林国祺
同德仁	国药店	民国年间	胡也虞	维记	豆腐店	1949年	杜华仲
石翼农	国药店	民国年间		章大兴	豆腐店	1949年	章正珍
同兴典	典当行	清末	方合记	杜永茂	豆腐店	1949年	杜延年
黄益兴	木作店	民国年间	黄益兴、黄毓海	聚昌	糖坊	1945年	汪日泉
胡万记	杂货店	1941年	胡培之	福记	糖坊	民国年间	汪观福
叶枝记	百货店	1949年	叶枝青	聚和	烟店	光绪八年	苏鹤舜
同昌	棉布店	1949年	孙珍	同昌	炉坊	民国年间	金立栋
厚记	棉布店	1949年	万厚基	工产炉	炉坊	民国年间	胡茂蓉
益成	丝线店	民国年间	孙珍	何永泰	白铁店	民国年间	何华兴
项松泰	丝线店	民国年间	项松	陈记	车行	民国年间	陈庆昌
大生	织布厂	民国元年	胡振朝	余顺祥	棕索店	民国年间	余鑫林
周源兴	米店	清末	周桂森	余新昌	棕索店	民国年间	余山东
泰号（永记）	酱坊	1949年	徐振盛	云楼轩	照相馆	1949年	吴镜清

从表1中可以看出，当时万安街店铺的经营范围包含了人们日常生活中的绝大部分商品。在众多的商家中，除少数为当地居民服务外，大多数兼有批发功能。为了便于商旅远行，街上还开设了三家轿行和一家马行。同兴典是主要的金融据点，经营旱烟生意的聚和，由于货源在江西，常常

要向江西九江一带汇款，也承担了部分金融业的功能。

尽管晚清和民国年间，万安街上的大多数店铺的规模比较小，但也不乏经营成功、名声在外的。石翼农国药店创制的祁门白术，民国十四年(1925)，被选送到美国费城万国博览会参展，并获得大奖。尤其是万安所产的传统食品，颇具特色，称雄徽州，名扬浙皖，比较著名的几种产品包括：

火炉饼。用上等白面粉与素油搅拌做皮，选嫩干菜和肥膘肉为馅，芝麻撒面，然后放入特制的火炉中，贴于炉壁，烤熟取出，故名火炉饼。饼形小巧饱满，似蟹壳，呈黄色，食之饼皮松脆，清香可口，深受当地及外来顾客喜爱，除零散出售外，又以十只为一筒，红纸包裹，作为走亲访友的馈赠佳品。

杆香糖。由糖坊制作，初级产品是“糖稀”，即饴糖，呈浅黄色透明液体状。将糖稀再炼熬，又通过拉扯工艺，成为糖饼，又称老糖。用老糖包进糖芯，再经过拉扯工艺，搓成约手电筒粗，置于蒸汽锅上，反复操作，直到成型，按标准长度切一细口，用手扳断，再滚上白芝麻，就成了“杆香糖”。如搓捏得更细，如同钢笔杆一样，即成“一品香”。“杆香糖”的芯，系用蒸芝麻、白糖、金豆、桂花、橘饼、香橼条等混合而成，“一品香”的芯更加考究。“杆香糖”与“一品香”的特点是松脆，不粘牙，甜香可口，老少咸宜。

万安老店

杜字虾米豆腐干。由杜永茂豆腐店生产，以用料独特、翻作精细、配方讲究、色香味俱佳而著称，其特点为：一是选用一年内粒粒饱满的新黄豆为主要原料，筛去杂质；二是选用优质小虾米，除去杂质后用水炖开，逐块包进一只；三是用大茴、小茴、桂皮、花椒等佐料拌入黄豆内同磨；四是选用未加糖色的“三伏秋油”（酱油），添加适量虾米汁、冰糖、茴香、桂皮等佐料，同入卤锅。制成的虾米豆腐干，颜色淡褐，光洁似玉，香味浓郁、鲜美可口，有韧性，折叠不开裂，压榨紧结，刀拍不碎，可切成细丝或薄片，撕开可见细密纹理，内有虾米一只，既可佐酒下茶，又可作菜肴的配料，当作零食小吃也别有风味。

万安商人在近代外出做生意的仍然很多。道光十六年（1836），万安人胡兆祥在安庆北门外南庄岭开设四美酱园，继承徽州传统的生产工艺，制作豆酱。同治年间，胡兆祥之子胡椿将酱园迁至安庆城的商业中心四牌楼，更改字号为“胡玉美”，不但生产酱油、豆酱，还生产小磨麻油，生意日益红火。光绪三十二年（1906），第三代传人胡远烈在学习四川辣酱的生产工艺的基础上，制作出蚕豆辣酱，品质鲜美，深受消费者欢迎。宣统二年（1910），胡玉美蚕豆辣酱在南洋劝业会上获得“地球”“日月”银质奖章各一枚，后又在巴拿马博览会上获金质国际荣誉奖章一枚，名声斐然。到民国年间，胡玉美先后在南京、上海、汉口等地开设了分店，在长江中下游市场上逐渐取代了川中辣酱并取得了某种程度的垄断地位。新中国成立后，胡玉美公私合营后成为国有企业。今天，胡玉美的产品在国内 20 多个省市畅销，还批量出口到美国、韩国、马来西亚、西班牙等国家及我国的港、澳地区。这家万安商人创建的百年老店仍在当代市场经济的海洋中搏击前进。

万安近代有影响的徽商当推吴廷芬家族。吴廷芬（约 1833—1907），是同治十年（1871）的进士，历官户部主事、郎中、内阁侍讲学士、工部左侍郎、宗人府宗丞，后入总理各国事务衙门参赞军机，协办外交。光绪二十六年（1900），改任户部右侍郎，因为反对慈禧太后处理义和团的政策，被革职，遂退归万安故乡。吴廷芬官居二品，是地位显赫的高官显宦，自古“朝中无人莫做官，官场无人莫经商”，有了吴廷芬这样的大靠山，吴氏家族的生意自然做得红红火火。

光绪十二年（1886），吴廷芬出资白银一万两，在当时徽州商业中心屯溪镇开设了致祥钱庄，成为徽州当时最大的钱庄。吴家与当时休宁首富县城西门汪氏更成了商场密切合作的伙伴。西门汪氏的汪厚庄在屯溪、上海、杭州、汉口等地遍设字号，投资于钱庄、典当、织布等行业，是近代休宁第一大富商。吴廷芬与汪厚庄合资，在上海开设了好几家以“鸿”字为招牌的典当，如“鸿顺”“鸿兴”等，其中“鸿兴”架本达 50 万银圆，在当时的典当业中，规模是比较大的。这些当铺在内部管理上有一套成规，分工精细，制度严明，对货物鉴别眼力极高。在取利上很注意掌握分寸，取利以物品为准，取利一、二、三分，较其他典业为低，于贫民不无裨益，因此人们乐意与之交易。

吴廷芬在投资上海获利后，还把生意扩展到江北的南通、如皋一带。宣统元年（1909），吴家接收了休宁孙氏在如皋开设的典当，改名万鸿，投资三十万银圆，派同乡赵学周管事；在万鸿典隔壁还开设了鸿康钱庄，聘同乡臧馨斋为管事。赵学周名日昌，原来是读书人，中过秀才，科举废除后改业从商，他任人有方，赏罚分明，加之资金雄厚，故而万鸿典蒸蒸日上，历年皆有盈余。民国初年，万鸿典有房屋184间，职员30多名，除厨子、更夫以外都是徽州人，典当人员薪俸高于其他商店。年终盈余除提取公积金外，其余作为红利。红利由典主提取80%，其余20%由职员按职务、能力和贡献进行分配。职员每两年探亲一次，假期六个月，薪俸照发。万鸿典一直经营到抗日战争爆发方停业。

吴廷芬除了经营钱庄、典当之外，还在家乡万安一带广置田土，出佃收租。经过三十余年的经营，万安吴家与西门汪家、月潭朱家一起号称“休宁三大家”。

吴廷芬去世后，他的儿子吴蝶卿、吴蕴卿继承家业，并有所发展。吴蝶卿先后投资于茶业（吴永源茶号）和采矿业（有容煤矿股份有限公司），受近代新风的影响，还曾参与创办《小说月报》、屯溪市民医院（今黄山市人民医院前身）。作为一位爱国士绅，抗战爆发后，吴蝶卿参加第三战区皖南民众总动员委员会，任常委，积极支持抗战。他的文化素养高，家中收藏了不少古籍善本，土改后由皖南人民文物馆接收，现多藏于安徽省博物馆。

吴廷芬家族集知识分子、商人、官僚、地主于一身，在近代徽州是具有相当强的代表性的。然而，由于时势变迁，今天万安已经找不到当年吴廷芬家族的后人了，也没有多少现存的文字资料可以叙述这个家族的具体作为，上述事迹也是几经搜索方有所得。唯独在近代教育家、婺源人江谦的《阳复斋文集》中收录有吴廷芬次子吴蕴卿的墓表，这是现在已经发现并面世的吴廷芬家族最详细的一份资料，主文如下：

吴君念裕，原名家孙，字蕴卿，休宁万安人也。曾大父志渫，清附生。大父启沄，贡生，皆因君父贵，诰封光禄大夫。父廷芬，进士，官至光禄大左都御史。君父先娶程太夫人，生女一；旋娶张太恭人，即君兄蝶卿母；又续娶陈夫人，君所自出也。君生而君父年逾六旬矣。幼而岐嶷，姿禀超异。君父奉召入京，挈蝶卿从。君读书家塾，性活泼不羁，颇好游，然以赋禀优，故所课业亦不逊其群。君父以庚子之变归，遂家居课子，偶以俵俪语试君，辄应如响，由是颇得欢心。年十四，为君授室，时君父已遘疾。丁未，病笃，君与兄侍汤药，克尽子道。父殁，哀毁尽礼。君虽以亲疾辍读，然性喜博涉，能道谕古今事，为文下笔数千言。君父尝谓蝶卿谨而愿，君敏而果，相资而有以成也。居忧二载余，皆依兄居，饮食同，出入俱，友爱弥笃。

卜葬既毕，介偕兄出游，服阕，逾年入都。君父曾为君纳粟，至是改郎中，分民政部。居数月，南归。是年秋，会武昌事起，遂暂栖沪上。是时留学生多集沪，君意气虓虓，思有以自见。改革方始，欲灌输西方文明以救国弊，于是广结新学人士，办书报以牖导国民，既乃趋向实业。民国三年，巴拿马运河初通，美国开博览会于旧金山庆其成。君以徽产茶为通商大宗，然售必于沪，一任市侩垄断，而茶商不能操其权，不图改良制作，自致海外，以外人称慕之华茶而获利乃在日本、锡兰下，是遗大利于不顾也。茶商弊则茶使茶价日贱，茶户生计益艰，是以地方一切应为之事业，益废堕不举。君乃自备资，随政府简派员赴会，携所自出新意精制之茶数千金，炫贾海外。虽茶政积弊若悬崖危石之堕，非一绳所能系者，而君志自可称矣。居旧金山数月，乃遍游美诸大都会，考察其民风国情，益扩见闻，而尤注意于茶务。君初赴美时，挈译人以行，居数月，独往游美洲诸地，能语言自通，书问无阻，同人皆惊之。返国后，抒其所得，为调查书布于众，极致详于美洲销茶情形，其振兴改良之方，具有规划。斯时欧战方殷，茶益弊，茶商无结力，无远图，君出其议，鲜有应者，而事造端宏大，故未克举，君每叹商人之见浅而慨其志之未伸，至是奋发踔厉之气稍减矣。然因心衡虑，未必非砥砺筹码不能成其志耶。而君竟于民国六年夏历八月二十四日疾终于沪，距生于光绪辛卯三月初十日，享年二十有七耳。此知君者所共为叹惜也。君妻胡氏，子二，曾慧、曾宪，女二。君没逾年，妻子奉丧归，蝶卿为之营葬于休北新塘大联山之原，复为君妻营生圹其右，以俟异日同穴焉。更撮述其事迹，而请谦表其墓。谦病拒谢文事久矣，然忆曩年养疴沪上，尝与君过从，君神观秀灼，谈茶事意甚洽。嘉其志而赏其才，又惜其不竟成也，表之其又何辞。系之辞曰：

有志有才以生，胡轭其愿而不获于成，成与不兮烟云之幻迹，未足为重轻。海可竭兮山可崩，一念之善兮历永劫而不倾。矧所图兮用宏，遗念兮民生，后起无忘兮文之以铭。

民国十年辛酉，前江苏教育司长三等嘉禾章记名道尹婺源江谦敬撰。

从这段记载中可知，吴蕴卿是一位年轻有为的大茶商，曾遍游美国，希望汲取西方的先进技术以改良中国茶业，这在当时是不多见的。但他的改革雄心却为时势所阻，未能成功就英年早逝了。阅至此文，不禁为之深深遗憾。

（四）旧市赵氏：万安最大的徽商家族

1. 儒贾合一的旧市赵氏

出万安下街，紧紧相连的就是旧市街。旧市紧靠万安山，本是东吴至唐初休宁县治的一部分，唐代县治迁到海阳镇以后，遂得名为旧市。康熙年间《江南通志》云："万安山下有两村，曰上旧市、下旧市，国朝改市为墅，知府陈玉题上旧墅曰'海阳故址'。"旧市与万安一样，也是有着一千七百年以上历史的古村落。明清时期，旧市赵氏在商业和仕宦上都取得了很大成就，亦贾亦儒，儒商合一，成为徽州赫赫有名的世家望族，今天旧市村中的司马第、御史第等明清古建筑，都是那个时期的遗迹。

旧市

据说，赵氏源出于黄帝之孙颛顼帝后裔伯益，伯益十三代裔孙造父，善于驾驶车马，得到周穆王的宠幸，封于赵城，子孙后代遂以赵为姓。旧市赵氏出自休宁西部蓝渡乡的龙源村，《休宁名族志》记龙源赵氏来源为：

在邑西十里，其先陇西人，唐有讳思者，中和间避黄巢之乱，始迁于此。传八世曰安庆，剿平方寇，授西隅总管，九世曰光祖，仕宋京座官，十世曰大震，为淮东漕司总管。十一世曰梦营，为将仕郎。

元末明初，龙源赵氏中出现了一位很有影响的大学者——赵汸。赵汸

(1319—1369)，字子常，号东山，属龙源赵氏的十四世。赵汸自幼聪颖，勤奋好学，《休宁名族志》记其事迹云：

孩抱闻读书辄能成诵。及长，潜心性命，不事举子业。远涉师黄楚望诸名公，尽得授受之渊美。大要学求放心，以精思为本领，以自悟为归宿，其道可继先传。后归隐东山，构庐数椽，日读书课奴，垦辟得田百余亩，岁时供伏腊，足有余裕。作《春秋集传》，以明圣人经世之志；注《左氏补传》、《师说》以为学者求端用力之阶。虽不苟仕，而经济之才裕如。元季保障乡井，授承务郎、江南行枢密院都事。国初屡征不起，召修《元史》，事竣请还，著有《东山集》，学者称“东山先生”。

赵汸生活在元末的大乱之世，仍笔耕不辍，毕生专注于《春秋》学，著述繁富，成果丰硕。乾隆年间修《四库全书》，收录赵汸著述六种，分别是：《周易文诠》四卷、《春秋集传》十五卷、《春秋师说》五卷、《春秋左氏传补注》十卷、《春秋金锁匙》一卷、《春秋属辞》十五卷，另收录了赵汸的个人文集《东山存稿》八卷。纪晓岚著《四库全书总目提要》，盛赞赵汸：

于《春秋》用力至深。有元一代，经术莫深于黄泽，文律莫精于虞集，汸经术出于泽，文律得于集，其渊源所自皆天下第一，故其议论有根柢，而波澜意度均有典型，在元季亦翘然独出。

旧市赵氏就是赵汸的后裔。明代初年，赵汸的曾孙赵淳是旧市赵氏的始迁祖，《休宁名族志》云：

淳，赘于万安金氏，继娶长汀吴氏，遂卜居旧市而世焉。为一乡之硕望，作千载之迁祖，开创于前，贻谋启后，非大有为者不能也。

赵氏后人将赵淳的形象描述得很高大，“一乡之硕望”“非大有为者不能也”，然而未提供任何赵淳如何“大有为”的事迹。在传统社会中，男子入赘做上门女婿通常都是迫不得已的，往往会被人瞧不起。所以，赵淳生前的社会地位应该不高，但作为旧市赵氏的始迁祖，子孙后代有所溢美是完全有可能的，也是可以理解的。

从谱牒记载的情况看，旧市赵氏开始兴盛应该是在明代中期，当时赵氏家族中的赵万富、万应、万敬兄弟等人，“世业计然，箕裘不替”，在徽州谱牒中，这是经商发迹、业贾有成的一种约定俗成的说法。从当时的历史背景看，也正是徽商兴盛并开始称雄全国的时期。赵万敬之子赵廷贤则是一位非常成功的盐商，谱牒中详细记载了他的事迹：

廷贤，字希圣，号文水，天赋孝友，乐善好施，迈迹自身，克勤垂后，善计然术，以盐策起家，业日隆隆而自处泊如也。课二子惟严，义方是训，抚孤侄如子，情爱特隆。输粟佐国，拜爵光禄寺署丞，时跻古稀，郡守颉公优举介宾。启曰："硕德和若春融，介如岳立。仁孝笃于性生，长厚本乎家法。出入必循天理，雅知不怨不尤；动履不拂人情，凯是无非无刺。成家富有，而勤俭转加，益比朴素之先民；教子义方，而言行交勉，不失令仪之良士。三反一朝无患，片诺千金为轻。息争而解忿，在在有陈实之称；倡义而兴仁，比比有彦方之颂。矧今年高，愈敦晚节。宜居介宾之位，以惬月旦之评。"锡额曰"德扬宾席"。日惟含饴弄孙，曾玄绕膝，鹤发童颜，强健矍铄，是谓得全昌矣。

徽商在明清两代之所以能够称雄全国，掌握了两淮盐业是关键。明清时期，两淮盐业达于极盛，"府海之饶，两淮为最"。政府从两淮征收的盐税也不断增加，明代盛时超过六十七万两，清初为一百八十余万两，乾隆年间达到四百余万，嘉庆二十年（1815），"淮纲每年正杂内外支款竟需八百余万之多"，而此时清政府全年的收入不过四千万两左右。可以说，掌握了两淮盐业，就掌握了明清时期的中国经济命脉。徽商大约在元末明初开始进入两淮盐业，明代中期的成化、弘治年间取得优势地位，超过了此前称雄的晋商。明代万历年间谢肇淛在《五杂俎》中描绘了当时徽州盐商概况：

富室之称雄者，江南则推新安，江北则推山右。新安大贾，鱼盐为业，藏镪有至百万者，其他二三十万，则中贾耳。

从谱牒中记载赵廷贤的情况来看，他富有财产，不但能够交好地方官僚，还能以"输粟佐国"的方式，买到一个光禄寺署丞的头衔，即使没有"藏镪至百万"，至少也达到二三十万，他是旧市赵氏从默默无闻走向"大有为"的真正开创者。当时两淮盐业的中心在扬州，两浙盐业的中心在杭州，徽州盐商为经营需要，多有迁居扬州、杭州者，赵廷贤家族的后人既有迁居扬州的，也有迁居杭州的。

赵廷贤致富成功后，"课二子惟严，义方是训"，他的两个儿子赵完璧、联璧在严格的教育之下，都成了秀才，"并国学生，善于继述，棠棣联辉，屡试优等"，后代子孙中取得科举功名的就更多了。上一代经商创业，下一代读书科举，这是徽州商人中非常普遍的一种现象，通常被称为"贾而好儒"，徽商也因此常有"儒商"之名。明代中期以后的旧市赵氏正是这样一个儒商合一的家族。

今天，学术界公认，“贾而好儒”是徽商非常重要的特征，也是徽州商帮区别于其他商帮（例如晋商）的一个非常重要的标志。究其原因，徽商的“贾而好儒”其实有着非常复杂的历史背景。

在研究徽商时，一个不能忽略的背景是，在安土重迁的农业社会中，徽州人外出经商常常是出于生存的需要。徽州地处皖南丘陵，山地多，耕地少，农业生产条件差，弘治《徽州府志》称：“本府万山中，不可舟车，田地少，户口多，土产微，贡赋薄，以取足于日用观之则富郡，一遇小灾及大役则大窘。”因此，粮食长期不能自给，明代徽州“所出粮不足一月，十九需外给。远自江广数千里，近自苏松常镇数百里而至，纳钞输牙，舟负费重，与所挟资准，以故江南米价，徽独高”。在无法有效满足起码温饱的情况下，徽州人很早就走上了外出经商谋生的道路，如明代歙县许村人许大兴，原本“自高曾以来，累叶家食，不治商贾事”，但由于家道中落，“一日忽自念曰‘予闻本富为上，末富次之，谓贾不若耕也。吾郡保界山谷间，即富者无可耕之田，不贾何待？’”于是他外出经商，“以盐策往来淮楚间，家累巨万”。徽州人出贾谋生，原为不得已之举，是生存的需要，而非特别具有经商的才能。

明代中期以后，徽商在两淮盐业中取得了巨大的成功，成为掌握全国经济命脉的最大商帮，社会地位有所提高。像赵廷贤经商成功后，就成了地方官员的座上宾。然而在按“士农工商”排行地位的中国传统社会中，徽商始终承担着巨大的政治经济风险，并背负着极为沉重的舆论压力。很多徽商由于“事末利”，在内心深处仍有相当强的自卑感以至不安全感。明代婺源商人洪庭梅在发达后，“常以弃儒服商不克显亲扬名为恨”，甚至自叹：“今庶几惟所欲为，奚仆仆风尘坐以商贾自秽。”明代歙县丰南商人吴存节同样感觉“商贾末业，君子所耻，耆耄贪得，先圣所戒”。在这种自卑和不安心理的作用下，具备一定物质基础的成功的徽商，往往把下一代的教育放在非常重要的位置上，期盼子孙后代能够“鲤鱼跳龙门”，通过科举考试获得功名；一旦有机会进入仕途，取得一官半职，即可成为家族的庇护伞，大大提高家族的地位。

徽商子弟由于家庭较常人富有，读书的条件比一般人要好得多，而且渴盼成功的徽商对子弟要求也非常严格，像赵廷贤“课二子惟严，义方是训”，就是一个明显的例子。因此，明清时期徽州科举发达，获得秀才、举人、进士之类的科举功名者极多。休宁县历史上一共出过十九位状元，号称“全国第一状元县”，这些状元中，徽商家庭出身的很多。

在注意到徽商发达后极力寻求科举成功的同时，也要看到，由于科举考试录取名额有限，对于数以几十万计的徽商子弟来说，大多数人是不可能取得功名的。明清时期科举考试一般每隔三年举行一次，徽州府试录取的秀才、各省乡试录取的举人一般不过几十人，全国性的会试、殿试录取的进士一般在一二百人左右。这样的数量，相对于全国众多的读书人来说，无疑是杯水车薪、僧多粥少。因此绝大多数的徽商子弟在接受教育后，仍然是以从商为主的。明代歙县人汪道昆在《太函集》中对这种情形进行了绝妙的描述：

夫贾为厚利，儒为名高。夫人毕事儒不效，则弛儒而张贾；既侧身飨其利矣，及为子孙计，宁弛贾而张儒。一弛一张，迭相为用，不万钟则千驷，犹之转毂相巡，岂其单厚计然乎哉，择术审矣。

旧市赵氏在经商致富成功后，就是沿着贾儒“迭相为用”的轨迹成功发展的。赵廷贤的长子赵完璧成为秀才后，屡试不第，在赵廷贤去世后，遂肩负起家族经商之任：

王父（赵廷贤）捐馆，先大夫（赵完璧）哀毁骨立，自真州（仪征）扶榇返里，治窀穸事毕，乃喟然曰：“人生慕禄仕，为养耳，若累茵列鼎，事亲不逮，富贵何为？今母在，人子宁不能奉甘旨耶？”因绝意进取，间游江淮，累致橐中，装与先淑人，竭力早夜，事先王母施三十余年如一日。

进入清代后，旧市赵氏在继续经商的同时，科举及第者也越来越多。赵完璧长子赵时用为万历四十一年（1613）进士，官至吏科给事中，次子赵时腴为秀才。赵时腴子赵吉士为顺治八年（1651）举人，赵吉士子赵景行为康熙二十六年（1687）举人，赵吉士孙赵继抃为康熙四十八年（1709）进士。据府县志记载，旧市赵氏在清代先后出现过多名举人和进士，这个家族在历经五百余年的发展后，终于成为赫赫有名的世家望族。

2. 一代奇人赵吉士

在旧市赵氏众多的文人学子中，赵吉士是最引人瞩目的一位。他不仅是一位颇有政绩的治世能臣，更以众多的著述在徽州文化史上占有突出的地位。

赵吉士（1628—1706），字天羽，又字恒夫，号寄园，入杭州商籍，为杭州府学秀才，顺治八年（1651）中浙江举人，但此后几次会试未第，遂于康熙八年（1669）参加吏部谒选，补为山西交城县县令。

交城地处雁北山区，地势险要，向为流民啸聚之地。明末农民大起义

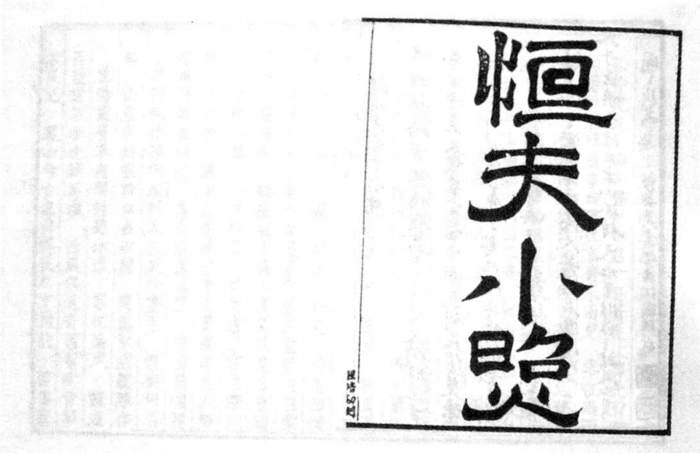

赵吉士像

时期，当地发生过饥民起义。顺治六年（1649），大同镇将姜瓖发动反清兵变，战败被杀，有些残部逃往交城山中。在交城山区，流民、饥民、变兵和地方土匪相互混杂，清王朝一律目之为“盗”，几次用兵皆未能制服，成为心腹之患。赵吉士到任后，积极着手平定交山。他剿抚并施，多次深入交山腹地，擒拿了一大批的“盗匪”头目：

卑职（赵吉士）令交四载，招抚者二，踏荒者一，曾深入穷山数百里，相其险阻，察其情形，又时召民之老于山中者细心访问，绘成图势。后屡据各处关提亲拿，计缉擒康如、江四名于关头寺，擒杨芳清、杨芳林于惠家庄，擒李宗盛于雕窠，擒赵应龙于史家谷，擒闫六于静乐之青简皮，擒袁世虎于中西都之左演沟石崖窑。皆诱以酒食，按图势指示，究问其出入，乃知此山实天生贼窟，此山之安与乱非特一郡一邑之利与害也。

赵吉士依据他的亲身经验，向上司陈述了交山之“盗”屡剿不灭的缘由，并详细说明了它对晋北地区的危害：

盖交山之盗与他境异，他境之盗非起于荒乱必迫于罪死，非发于土著必聚于流移，独交山之盗无所不有，时而放羊牧马，民也；时而揭竿制梃，盗也；时而散处峒窑，民也；时而千百成群，又盗也。言抚则阳顺而阴逆，言剿则此散而彼聚，且村民土戍非其亲戚即其交知，官府动静朝发夕闻，兵少则不敢深入，兵多则不能久驻。其逆也无迹，其合也不测，旋灭旋兴，旋衰旋盛，是岂生而好乱、人尽贼哉？地势使然也。且非独此也，小寇不萌，大寇不兴，交静诸山既雄峻四越，其民又生长崖谷，勇捷轻生，自米家沟、惠家庄、钟家沟、上下横岭，数之习鸟枪、打鸟兽为生活者约二千七百有奇，推之全境可知。又静乐石峡南北多产良马，即《左传》所载晋屈地也，脱或有变，精兵突骑不待外求。国家一统海内垂三十载，复屡值年丰，而负隅伏莽终未革面，设遇一旦饥荒，或四方小警，窃恐群山响应，出山阳则蹂躏及于平汾；越两岭则太原震惊，而西北之道不通；据管涔鹿径则宣大河保隔而为二，而偏头宁武直拊其背而扼其吭。即如往者大同姜逆之变，相去尚八百余里，而山盗万余，首破交城，招引伪刘都督等，遂统领步骑逾山南下，越忻州，经静乐，连破汾州、文水、清源、徐沟、太谷数城。

赵吉士为铲除交山中的这股“盗匪”，用足了心思，设下奇谋，终于在康熙十年（1671）十月一举铲除了这股敌对势力。朱彝尊所做墓志铭详细记载了赵吉士出奇制胜的过程：

十年十月朔，总督檄县进剿。君行令山麓，葺静安堡，期以月几望官兵进屯。先七日，置酒城隅却月湖，张乐于舫，许老稚夹岸纵观，越宿，复要昆山顾炎武、华亭陆庆臻、上海蔡湘翦烛赋诗。密诫司夜者促更筹，于子刻打五鼓，君起，送客出郭，则守备姚顺等已先受约，统步骑兵四百集南关外矣。疾行四十里，飨士卒于水泉滩，别为三队并进，入两葫芦川，据三坐崖。贼鸟兽散，散复合，且战且奔，官军分搜巢窟，先后获魁渠二十二人，余或降或自刭。君别淑慝，召山农终始不作贼者三十七家赉以羊酒，其素不当夫徭者千四百三十家编其籍入都图。入山旬有六日，交山之寇悉平。

赵吉士以剿抚兼施之策，最终平定了交山，事后曾自著诗以记其功：

古岸摩碑画土疆，书生拥盾事戎行。
葫芦川指新屯寨，乳子河怜旧战场。
军吏论功无刃血，村翁破涕进壶浆。
由来不杀称神武，此后何人更陆梁。

赵吉士在交城县五年，任内兴修水利，凿山通龙门渠，灌溉农田十万四千顷，恢复南堡村木厂，在一定程度上改善了交城百姓的生活。他还兴修县志，扩建书院，增修粮仓，平反冤狱，政绩卓著，可谓治世之能臣。雍正年间所修的《山西通志》将赵吉士列入《名宦传》中。

康熙十一年（1672），赵吉士因功调入京城，先后任户部山西主事、扬州榷关、户科给事中，均有政绩。康熙二十七年（1688），朝廷在治理黄河问题上发生分歧，赵吉士参与勘察黄河堤防，支持漕运总督靳辅的正确主张。然而当时朝内反对靳辅一派占了上风，赵吉士受到牵连被罢官，其后虽得补国子监学正一类的闲职，但已拒绝仕进，闲居于京师和家乡十八年，康熙四十五年（1706）在旧市老家去世。

赵吉士虽未获得科举制下的最高功名——进士，但学识渊博，阅历丰富，更对徽州的历史文化情有独钟。退居田园后，赵吉士醉心于著述，笔耕不辍，留下了大批著作，今日存世的尚有《寄园寄所寄》《寄园丛钞》《林卧遥集》《万青阁集》《牧爱堂编艺文》《永言》《继表忠记》等十余种。赵吉士在交城县令任上曾主持编纂了《交城县志》，退居田园后，主持编纂了康熙《徽州府志》。这些著述，内容各有侧重，对于关心徽州历史文化的学者来说，康熙《徽州府志》与《寄园寄所寄》则是必读典籍。

徽州方志纂修源远流长，现在最早的志书是南宋淳熙年间歙县人罗愿所撰的《新安志》，明代弘治、嘉靖年间先后两修《徽州府志》。从嘉靖四十五年（1566）后，历经一百三十多年，徽州府未再有新志。康熙初年高晫与林国柱先后著有稿本，但并未刊刻成书。赵吉士对方志的作用一直非常重视，目睹乡邦典志衰微，一直有心于重修府志，进行了四十余年的资料积累工作：

余结发受书即乐闻先民逸事，厥后四十余载搜揽旧文，访拾家乘，往往溢于箧笥。甲子夏五，奉命充会典馆纂修，得观国家典籍之富，而又窃见有明一代吾郡先进人物之盛，慨然叹兴以喟，幸一日得退休从容归里门，当益广征博采，辑为一书，上接周潭旧志以传诸后。

康熙三十三年（1694），赵吉士的门生丁廷楗出任徽州知府，他接受赵吉士的建议，决意重修徽州府志，“既至郡，则检括图籍纪乘簿书之属若干册，邮而致之京师”。赵吉士在京与徽州籍同乡学者汪晋徵、程文彝、张瑗、黄元治等人反复参阅，再回乡搜集，经三年完成书稿。

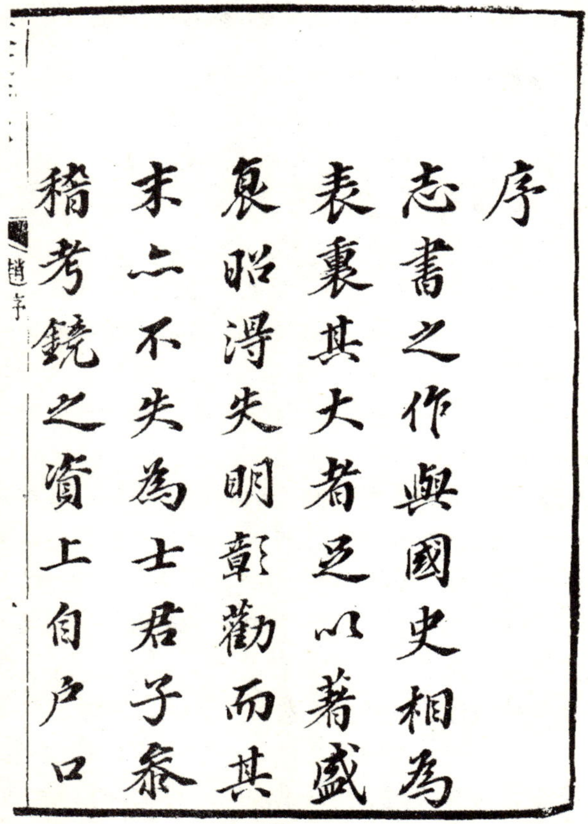
序
志書之作與國史相爲
表裏其大者足以著盛
衰昭淂失明彰勸而其
末亦不失爲士君子參
稽考鏡之資上自户口

17

赵吉士徽州府志书影

康熙三十八年（1699），赵吉士主纂的《徽州府志》正式刊刻成书。这部府志，“以府志为经，以邑志为纬，删繁就简，而益以嘉靖以后之人之事，详复而精讨之，字不加多而文义略具”。该志不但于图说、沿革、疆域、山川、风俗、官师、食货诸类务极精详，尤其于人物最为突出。赵吉士以为“志书之严，尤当严于人物”，“独人物一志，则前乎嘉靖者嘉靖旧志为准，后乎嘉靖者以六邑新志为征，若乃众目之所未经见，众耳之未尽闻，则宁从阙疑之例，不敢以私意轻为焉”。虽然上距明代嘉靖《徽州府志》达一百三十余年，修志难度很大，然而赵吉士说：

然余于今固有断然自信而不必沾沾避其为难者，余自少时留心志乘，更历四五十年，数执笔而未敢，恐自蹈于无知妄作之愆，而今始克黾勉从事，盖其慎重周详不知几经踌躇，确知其可据，确知其可为而后任之，此其可共信于人者一；且余齿加长矣，百三十年之事，余所目击者殆居其半，先朝故老窃尝交臂而事之，而又侧闻先祖父之绪论与旧时父老之所流闻，是虽时处久远，事多湮没，余不敏，以为庶几得其大略焉，此其可共信于人者又一。

因此，赵吉士主纂的府志中《人物志》共六卷，篇幅占全书的三分之一，充分反映了徽州府“自朱子出而群贤辈兴，新安一郡，号东南邹鲁”（《儒硕传评赞》），以及“徽承紫阳道学之遗，以绩学者代不乏人”（《绩学传评赞》）。该志记载内容，对研究徽州商人、徽州学术、新安医学和新安版刻等方面都具有极大的资料价值，它常为治徽学者称引，绝非偶然。以下姑取康熙《徽州府志》中反映徽州风俗的数段，以彰显其价值：

徽之山大抵居十之五，民鲜田畴，以货殖为恒产。春月持余资出贸什一之利，为一岁计，冬月怀归，有数岁一归者。上贾之所入，当上家之产；中贾之所入，当中家之产；小贾之所入，当下家之产。善识低昂，时取予，以故贾之所入视旁郡倍厚。（赵吉士注：明末徽最富，遭兵火之余，逐渐萧条，今乃不及前之十一矣。）然多雍容雅都，善仪容，有口才，而贾之名擅海内。然其家居也，为俭啬而务畜积。贫者日再食，富者三食，食唯饘粥，客至不为黍，家不畜乘马，不畜鹅鹜。其啬日日以甚，不及姑苏之间诸郡，产相十而用相百，即池阳富人子，犹不能等埒，而反以富名，由为贾者在外售虚名云。（赵吉士注：徽人居于维扬、苏松者未尝贫，但其生平不一至故乡，而居徽地者反受富名之累，不唯贫民，并官于此土者，亦且累于地方之虚名。留心民瘼者，尚其念之。）当其出也，治装一月，三十里之外即设形容，炫新服，饰冠剑，连车骑，若是者将以媒贷高资，甚至契领官货。诸见者啧啧就目，徽多富贾，不知既也不能偿责，坐是蒙罪戾者比比皆是。汪京兆循曰：“徽之贾售虚名而受实祸。”其信然哉。（赵吉士注：向徽称富足，民尚俭朴，所服不过布素，今则愈贫愈逐奢侈，家无宿舂而轩裘耀目，此亦俗之最敝者也。）（康熙《徽州府志》卷二《风俗》）

家多故旧，自唐宋来数百年世系，比比皆是。重宗义，讲世好，上下六亲之施，村落家构祠宇，岁时俎豆。其间小民亦安土怀生，即贫者不卖伥子流庸。婚配论门第，治褂裳装具，量其家以为厚薄。重别臧获之等，即其人盛资厚富，行作吏者，终不得列于辈流。（康熙《徽州府志》卷二《风俗》）

女人尤称能俭，居乡者数月，不沾鱼肉，日挫针治缝纫绽，黟祁之俗织木棉，同巷夜从相纺织，女工一月得四十五日。徽俗能蓄积不至卮漏者，盖亦由内德矣。（康熙《徽州府志》卷二《风俗》）

轻去其乡，亦君子所鄙。有先贫而后裕者，因彼地发祥，故挈家而迁焉。不知吾徽有千年祖坟，千人祠宇，千丁乡村，他处无有也。假令迁徙而子孙长保其富厚犹可，否则流移不可回矣。（康熙《徽州府志》卷二《风俗》）

赵吉士曰："郡处万山，百货皆仰于外。陆则肩担顶荷之夫，沿崖陟岭，虽隆冬沍寒而汗雨彳亍；水则溯流推挽，从急湍石濑中负舟以上。垄断之子，挟货以射息，其值固已倍他郡矣。一旦饶河闭籴，则徽民仰屋；越舟不至，六邑无衣；荒旱偶乘，死亡立至。恤下之政，吾民所为望泽者，岂不急急哉！"（康熙《徽州府志》卷八《蠲赈》）

3. 徽州典故渊薮——《寄园寄所寄》

《寄园寄所寄》是赵吉士于康熙三十五年（1696）完成的一部笔记，寄园是赵吉士在京城中所居住的园名，故以此作为笔记的书名。清代乾隆年间完成的《四库全书总目》中对它的内容有一段简略的介绍：

《寄园寄所寄》，十二卷，江西巡抚采进本。国朝赵吉士撰。是编采掇诸家说部，分十二门，曰囊底寄，皆智数事也；曰镜中寄，皆忠孝节义事也，曰倚杖寄，述山川名胜也；曰燃须寄，诗话也；曰灭烛寄，谈神怪也；曰焚尘寄，格言也；曰獭祭寄，杂录故实也；曰豕渡寄，考订谬误也；曰裂眦寄，记明末寇乱及殉寇诸人也；曰驱睡寄，遗事之可为谈助者也；曰泛叶寄，皆徽州佚闻也；曰插菊寄，皆诙谑事也。所载古事十之二三，明季事十之七八。采掇颇富而雅俗并陈。

赵吉士热爱家乡，他认为徽州人杰地灵："新安名贤辈出，无论忠臣义士，即闺阁节烈，一邑当大省之半，岂非山峭厉水清激使之然哉？灵奇秀拔在在而有，黄海白岳其最焉者耳。"《寄园寄所寄》创作时，赵吉士正在纂修《徽州府志》，因此书中有意识地采摘了大量关于徽州文人雅士、风俗人情的资料，并记录了赵吉士本人的亲身见闻，内容丰富，恰与康熙《徽州府志》相互表里，成为徽州学研究的重要参考文献，堪称徽州典故的渊薮。

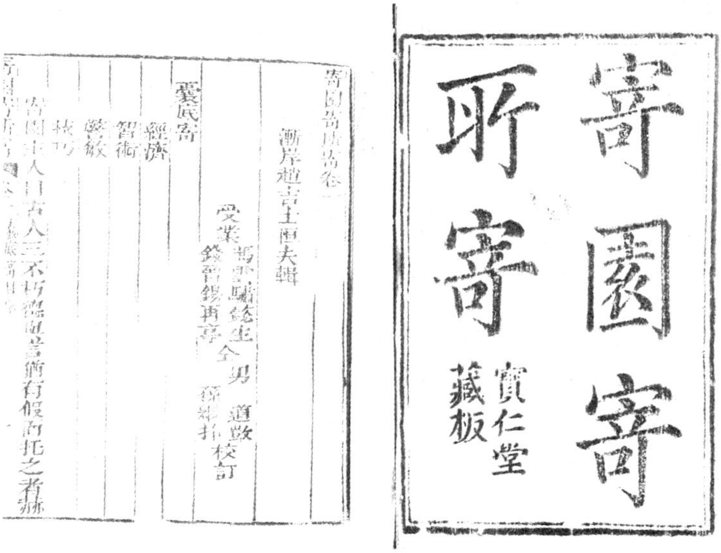

寄园寄所寄

赵吉士在书中多处描述了明清徽州的风俗习惯，使今人对徽州宗族制度、经商行贾、戏曲娱乐、风水文化有了更多的了解。

等级森严的徽州宗族制度：

古城山下，即舍家旧墅村，新安各姓，聚族而居，绝无一杂姓掺入者，其风最为近古。出入齿让，姓各有宗祠统之，岁时伏腊，一姓村中千丁皆集，祭用文公家礼，彬彬合度。父老尝谓新安有数种风俗，胜于他邑，千年之冢，不动一抔，千丁之族，未常散处，千载之谱系，丝毫不紊。主仆之严，数十世不改，而宵小不敢肆焉。

徽州民间戏曲：

曾祖日纪：万历二十七年，休宁迎春，其台戏一百零九座，台戏用童子扮故事，饰以金珠缯采，竞斗靡丽，美观也。近来此风渐减，然游灯犹有台戏，以绸纱糊人马，皆能舞斗，较为夺目。邑东隆阜戴姓更甚，戏场奇巧壮丽，人马斗舞亦然，每年聚工制造，自正月迄十月方成，亦靡俗之流遗也。有劝以移此巨费，以赈贫乏，则群笑为迂矣。或曰：“越国汪公神会，酬其保障功，不得不然。”

祁门县城风水：

祁门县治形肖猴，前朝江右人为令，造城锁之，犹联发二解元。城有山，俗指为猴脑，后令又以巨石作八卦形厌之。百余年，父老忿其破坏风水，欲易之，不果也。曹司马贞吉署篆时，张孝廉瑗毅然率众掘其石无数，石长丈许，皆直竖土中，未三年，孝廉冠南宫。

徽商逸事：

休宁程宗斗弱冠好枪棍。祖付三千金命贾，宗斗携往河南少林寺学武艺，罄其橐。少林例：学成者，能打散众木偶，方许出寺，否则必欲去者，乃由狗窦出耳。宗斗学既久，独能打散木偶，既出，惧祖责，不敢归。父遣人访得之，闭诸室，不令他游。后父挟重资，偕之往北京，道遇响马贼，父惧甚，匿草间。宗斗独敌数十人，皆辟易，响马惊拜曰："神人也！"邀其父子至山，宴而后归其橐。宗斗从之，方半酣，偶闻门外喧哗，急跃起如飞鸟，掠檐间，忽不见。群盗惊甚，少顷自门外从容来曰："吾乍闻喧，将试吾拳勇，乃下人噪杂，不足辱一挥也。"盗皆色然恐，急还其行装，送其父子归。其父亦讶甚，曩亦不知其技勇若此也。后恐其将入匪类，不令出游，遂以商贾终焉。

吴布衣拭字去尘，居休宁之商山，宗族多富人，去尘独好读书鼓琴，布衣芒鞋，寥然自娱。轻财结客，好游名山水，从曹能始自楚之黔，览胜搜奇，归携一编，以夸示里人，里人争目笑之。仿易水法制墨，遇通人文士，倒囊相赠。富家翁厚价购之，辄大笑曰："勿以孔方兄辱吾客卿也。"坐此益大困，耳聋头眩，为悍妇所逐，落魄游吴门，遇乱，死虞山舟中，毛子晋为收葬之。去尘有《不寐诗》云："莫怪故人消息断，谁教金尽见床头？"

徽州自南唐以来就盛产文房四宝，南宋时，澄心堂纸、汪伯立笔、李廷珪墨、羊斗岭旧坑砚作为徽州四宝为进贡御用之物。赵吉士为文人雅士，笔墨纸砚为必备器具，在《寄园寄所寄》中记录了大量关于徽州文房四宝的典故，尤其以歙砚、徽墨的记载为多。

歙砚：

徽处万山中，绝无农桑利，荈茗之外惟墨，而旧志称徽产砚，今虽有，而佳者绝少矣。宋郡守谢公暨于理宗有椒房之亲，贡新安四宝：澄心堂纸，汪伯玄笔，李廷珪墨，旧坑石之砚。今无论砚不可得，而旧坑之名亦湮矣。按，旧坑在婺源县羊斗岭之尽处，两水夹之。唐开元间，猎人叶氏得石于其地，因以为砚，自是歙砚闻天下。旧坑古名罗纹坑，其一曰紧足坑，又次曰庄基坑，相去羸百步，而石品绝不相似。其旧坑之中，又自支为三：曰泥浆，曰枣心，曰丝石，去旧坑才数尺，石品亦异。自庄基北行二里，溯溪微上，曰眉子坑，则东坡所歌者，坑今在水底，不可劚，其陵谷变迁之验欤？旧坑丝石，为世所贵。砚材之在石中，如木根之在土中，大小曲折悉如之。劚者先剥去顽石，次得石为砚材而极粗，工人名曰粗麻。石之心最紧处为浪，又出至漫处为丝。又外愈漫处为罗纹。故吾郡双溪王公之记曰："紧处为浪，漫处为丝。"至论也。丝之品不一：曰刷丝，曰内里丝，曰丛丝，曰马尾丝，皆因其形似以立名，不必悉数。以石理劲楼，故纹如丝，而旁为墙壁，独吐丝甚奇。平视之，疏疏见黑点如洒墨，侧睨之，刷丝粲然。工人所谓砚宝，独旧坑枣心坑或有之，盖石之精，吐出光彩，以为丝也。元至元十四年辛巳，达官属婺源县尹汪月水求砚，发数都夫力，石尽山颓，压死人乃已。盖常时取之已如此其难，具尽矣，今之不可复得，宜也。

《歙砚说》云："凡取石，先具牲醪祝板，斋戒择日，至山下设神位十余于坛，祝讫发之。稍亵慢，必有蜂虿虫蟒，毒物伤人。盖神物所惜，不欲广传人间，所得不过百十枚，即竭矣。又当再祝之，前后啮死者十余人，今皆预祀享也。"唐侍读《砚谱》云："二十年前，颇见人用龙尾石砚，求之江南故老云：'昔李后主留意翰墨，用澄心堂纸。李廷珪墨，龙尾砚，三者为天下冠，当时贵之，自李氏亡而石不出，亦有传至今者。'景祐中，校理钱仙芝守歙，始得李氏取石故处，其地本大溪也，常患水深，工不可入。仙芝改其流，自是方得之。后县人病其需索，复溪流如初，石乃中绝。邑官复改溪流，遵钱公故道，而后所得尽佳石，遂与端石并行。"

何远云："涵星砚龙尾溪石风字样，下有二足，琢之甚薄，先博士君得之外姓侄黄材成伯。成伯嗜砚，求主婺源簿，顾视一老研工甚至。秩满，砚工送之百里，探怀出一砚为贶，且言明府任三年所收，无此砚也。黄责其不诚，工云：'凡临县者，孰不欲得佳砚？使每砚必珍石，则龙尾溪当泓为海不给也。此石岁采不过十数，幸善护之。然砚只如常砚，无甚佳者，但用之久，至垢埃积，经月不涤，而磨墨如新，此为胜绝。'"

徽墨：

南唐元宗精意翰墨，歙守献研，并荐工李少微。国主嘉之，擢为砚官，令石工周全师之，其后匠益多。

新安墨以黄山名，数十年来，造者乃在婺源黄冈山，戴彦衡、吴滋为最。彦衡绍兴八年，以荐作复古殿等墨，其初降双角龙样，是米待制元晖

徽墨

所画，继作蛀壁及戏虎样。时议欲就禁苑为窑，稍取九里松古松为之。彦衡以松生道旁平地，不可用。其后衢池工者，载它山松往造，亦竟不成。彦衡未几死，尝出贡余一圭，示米元晖，米以为罕有其比。诗人吴可赠诗曰："病来漫喜折钗股，老去长怀双脊龙。他日扁舟曾乘兴，摩娑圭壁小从容。"吴滋家有汪内相帖云："吴滋作墨，新有能声，绍兴庚申于新安郡斋，授以对胶法，此墨是也，试之当见佳。"滋又求题品于李参政汉老，李公云："已经评子矣。"吕舍人居二，亦尝遗以诗，今在东宫。以滋所造甚佳，例外支犒，设钱伍万。

石脑油烟作墨坚重，以松烟者疏而碧，今不必也。李廷珪上矣，近代程君房、方于鲁、祝彦辅、罗小华、丁南羽、邵青邱、吴去尘、吴百昌、象玄、潘方凯、方回、嘉客、环山、方伯暗、敷远，不惜万金，故得合诸家秘法。君房、于鲁以神宗见取，名彰耳。法以苏木煮草，去草性，燃烟，所制金紫照人，漆烟作墨，其色反白，独用猪脂，作墨不成。君房以脂入顶烟六分之一，其墨细润，书画尚焉。其入金泥珠沙冰麝者，贵之也。水用山易泉，胶用鹿胶阿胶，次广胶，大雨锥之不动，市上牛皮胶合者软矣。胆用熊胆，次用鱼胆，吴去尘独用猪胆，为其易也。取其动而化胶，黑能增色也。然猪胆久之，适如其质而已，不能增也。古藏墨以豹囊，然至燕地，往往化粉。唯君房伯暗两家墨入燕坚倍于南。昔君房、伯暗互相问而不言，各悟而后知，若合符节。良以北方风高，法以百日酎酿，斤用三铢，故不碎也。制以秋和之日，无风重房，万杵乃成，所忌者天阴，阴则墨锅矣。试法顶烟墨口，可以截纸投清水碗中，一昼夜如故，熊胆力也。君房玄元灵气，于鲁青鳞髓，潘方凯石莲秘宝，方回宜宜堂，嘉客客道人，吴百昌紫雪，程孟阳松圆阁，方伯暗写经墨，泽远一笏金，敷远碧水神珠，广居神随，皆累试累验之，其他亦不胜记矣。验墨之成色，与白金等，潘嘉客试墨帖言之甚详，其磨各墨而浸观其黑者，一端也。其以新而冒旧者，窌之石灰中一昼夜而出者也。储泳《祛疑》曰："墨枉制胶煎胶，练杵铁石臼中而已，区区秦皮紫草，适足为累。"

《寄园寄所寄》中保存了大量徽州名人的逸事，如第六卷中引《涌幢小品》，记明代万历年间的歙县大学士许国（谥号为文穆）：

典己丑试，聚登榜者于射所戒厉之。既至，拜谒，文穆大言曰："中后索赏，赌者必多，分毫皆不可与；即如我长班轿上门上，一切拒之。从我言者，为好门生，不从者反是。我密行体访，定人品高下。

这一条记载，不过几十个字，却传神地写出了许国为官清廉的风范。此类名人典故，随手摘出数条，以飨读者：

围棋国手江君辅：

婺源江君辅，幼工奕，称国手。年十七，忽一人扣户称江北某家，延请角技。君辅袱被随之往，月余抵中州某宦宅，其人先入内，见某宦诈云："吾途穷，鬻吾子为归串。"既得金立契，复涕泗曰："父子情不忍面别，请从后门去，免吾子牵衣惨状也。"宦信之。君辅方久坐堂上，讶无出肃客者。忽一鬓头婢，肩水桶，目江大声曰："尔新来仆速出汲。"江惊异，厉声争之。宦从内出，持券示曰："尔父卖尔，去复何云?"江曰："异哉！君数千里遣使迎我手谈，乃为此不经语乎？谁为吾父?"出所著《奕谱》呈宦证之，宦大惊曰："汝果能胜我，言即不谬。"甫对着，君辅连胜数局，宦爽然深相礼貌。其地有国手，从无出其右，宦忽请对局，辅又连胜。宦大喜，待为上客，盘桓数月，作书叠荐好奕钜公处，获金数百归。

晚明文坛领袖汪道昆：

歙左司马汪伯玉道昆与李于鳞辈七才子齐名，李本宁尝诵曰：“李北地梦阳之才，能小而不能大，能短而不能长；李历下于鳞之才，能高而不能下，能奇而不能正。王弇州世贞以才聘法，而法不胜才，人生几何？其书充栋，微伤率耳。汪新安文小大长短，高下奇正，随所结撰，积句成篇，积字成句，无不精丽，其才能经纬错综之也。”当时之评骘如此。

绩溪抗倭名将胡宗宪：

胡梅林有平贼功，而遭陷被逮。徽州知府何东序恨其家居时，以属体参谒不为礼。胡未死狱中，何以封锢其宅，逮其妇女，跣足过堂辱之。时歙邑方某为诸生，忿甚，誓必报仇。未几，联捷，数载守何郡，亦以疑狱逮辱之，一如胡，至今父老犹言其事。

刻书名家吴勉学：

歙吴勉学梦为冥司所录，叩头乞生。旁有判官禀曰：“吴生阳禄未终。”吴连叩头曰：“愿作好事。”冥司曰：“汝作何好事？”吴曰：“吾观医集，率多讹舛，当为订正而重梓之。”冥司曰：“刻几何书？”吴曰：“尽家私刻之。”冥司曰：“汝家私几何？”吴曰：“三万。”冥司可而释之。吴梦醒，广刻医书，因而获利，乃搜古今典籍，并为梓之，刻资费及十万。

书法名家汪梦龙：

篆学图书，多出于新安，为他郡所不及。如汪梦龙休宁西门人，名涛，字山来，多膂力，人呼之梦龙将军。真草隶篆，以及诸家书法，无所不精。每写一家，从不致杂入一笔。大则一字方丈，小则径寸千言。铁笔之妙，包罗百家，前无古人。少时至楚中贩米，逆旅暇日，偶至一寺，见衣冠者十余辈，在佛殿以沙聚地，成字径丈曰：“岳阳楼。”山来笑谓曰：“是可以墨书也，何艰于八法乃尔耶？”众惊愕，因白之郡守，延入署，煮墨一缸，山来以碎布蘸墨，书于扁上，顷刻成。守叹赏久之，因嘱山来落款于后，曰：“海阳汪涛书。”至今楼虽屡修，而此匾不能易也。其徒王言，字纶紫，北门人。纶紫篆书出宣光之上，隶书直追中郎，至于行楷，各尽其妙。

篆刻名家程邃：

程穆倩邃，歙人，能为近体小诗，工四体书，笔法精劲，征君陈仲醇收之门墙。少与万年少诸君子游，锐意篆刻，每作一印，稍不得意辄刓去更为之。如是者数次，必求得当，方以示人。其末年所篆印章，醇古苍雅，一时篆家不可及。晚遇汪子虎文出所作相质，汪子曰："君去其奇古，一归缪篆正派，斯得之矣。"穆倩志其言，故暮年所作，尤为海内宝重。年八十余卒，其次子万斯传其业。

歙县状元唐皋：

唐皋在歙庠日，每以魁首自拟，虽累蹶场屋，而志不怠。乡人诮之曰："徽州好个唐皋哥，一气秋闱走十科，经魁解元荷包里，争奈京城剪绺多？"唐闻之，志益励，因题书室壁曰："愈读愈不中，唐皋其如命何？愈不中愈读，命其如唐皋何？"又尝见人所持扇面，画一渔翁网鱼，题曰："一网复一网，终有一网得，笑杀无网人，临渊空叹息。"洎正德癸卯甲戌，果连捷经魁，状元及第。

休宁进士中式饮宴：

壬午十月二十三日，隆阜戴应昌，字孟全，中式归邑，借予里德聚堂居停候，县官迎出东门十里，再赴公宴。相传昔年程篁墩乡居，值本县宴科已，程公陪席，因斟满一爵云："诸兄能决科者饮此。"汪循应声起饮，程公曰："兄果尔尔，老夫当出郭迎十里也。"汪公中式归，坐涨山铺，不赴宴，为致此意。程公曰："我几忘之矣。"急出迎，本县随行，今相沿为例。

汤显祖"无梦到徽州"：

徽山有黄山、白岳，水有练溪、新安江，勋贤有程忠壮、汪忠烈，正学有朱徽国。以下文章节义，自吴少微以及金正希，代不绝踵，而世顾目之曰徽人，曰朝奉若而人者，非徽人朝奉耶？况黄山、白岳灵奇甲东南，胜朝重科名，亦有兄弟九进士，四尚书者，一榜十九进士者，乃风雅如汤临川先生，亦不精察，有诗曰："欲识金银气，多从黄白游，一生痴绝处，无梦到徽州。"得毋贻笑山灵？

和纂修康熙《徽州府志》一样，赵吉士在《寄园寄所寄》中对新安理学给予了高度重视，在他看来，徽州真正可以引为自豪的不仅仅是发达的商业，更在于学术文化上做出的卓越贡献：

寄园主人曰："徽处万山中，其田土所产，啬于他郡；生其间者，不得不裹粮服贾，奔走四方以谋食。而老儒宿彦，自蒙童读书，至老死未尝暂释，著述充栋，不肯一俯首就试有司。讲学书院，自紫阳、还古而外，

赵氏祖宅

所在多有。顾海内士大夫之与徽人接者，往往奔走四方之人居多，而深山穷谷中宿儒，不得一叩其姓氏，遂并我考亭夫子、篁墩、正希诸先生，概目之曰徽人耳，不亦诬欤?”

赵吉士的九世祖赵汸是元代新安理学的重要人物，因此赵吉士以充满感情的笔调，在《寄园寄所寄》第十一卷《泛叶寄》中，专门写了《新安理学》一节，其开篇云：

新安自紫阳、峰峻先儒名贤，比肩接踵，迄今风尚醇朴。虽僻村陋室，肩圣贤而躬实践者，指盖不胜屈也。呜呼，千秋具在，岂徒尚口。前徽不远，有志当型。略撮世所共尊者数人可以兴矣。

在这些世所共尊者中，第一人理所当然地归于宋代理学的集大成者朱熹，赵吉士在《寄园寄所寄》中全文抄录了《徽州府志》中的《朱子世家》，在论赞中全力称颂：

余尝谒武夷精舍，览寒泉、考亭诸胜，之南康，寻白鹿洞遗迹，之湖南瞰岳麓书院以上，驰神于恒岱太华邹鲁间，未尝不低徊留之。登降趋跄，仰窥道德为象，自伏羲以来，如作家者，盖有三大开辟焉：尧舜之精一，开辟一候也；夫子之求仁，开辟一候也；朱子之存心致知，开辟又一候也。尧舜之时，如元之元；孔子之时，如元之会；朱子之时，如元之运，其将以渐而华实矣。是三世家者，固元气之流行于宇宙间，其立极固同也。矧我徽为先世桑梓之乡，得游从于阙里，其景仰至止，又当何既哉？

朱熹殁后，徽州朱子之理学大兴，休宁县代不乏人，赵吉士将其中最杰出的人物归纳为“休宁理学九贤”：

休宁理学九贤坊，以程文简公为首，盖朱子而外，皆其卓卓者也。公勋业烂史册，从数百年，又有襄毅、篁墩父子两尚书，程氏何多贤哉？九贤坊在休东门外，去寒舍旧市五里许。公与吴学士儆，程公若庸，陈公栎，倪公士毅，朱学士升，及余祖东山公汸，汪公循，范公准。

赵吉士依据《徽州府志》《休宁县志》及自己收集所得资料，对上述理学九贤的生平和学术贡献作了非常详细的介绍。除休宁县外，对婺源、歙县等地的理学代表人物，如婺源胡方平、胡炳文和歙县郑玉、祁门汪克宽等人，书中也作了简要的介绍。

旧市黄昏

赵吉士爱好家乡山水。距高公桥上游约十余米处，横江水聚为深潭，康熙初年，古城岩上巨石坠落深潭，形如浮印，赵吉士名其为“印石”，并在此处建立放生潭，禁止捕鱼，成为当地一景。赵吉士为此专门做有

《古城山放生潭记》一篇：

大郭麓万山之中，渐水带于前，溯流而上者危湍激浪，势若惊雷，其平流而深菁者汇而为潭，然亦时有变迁焉。若万岁山之放生潭则自有印石始也。山去邑五里许，绵亘崒嵂，一方之地脉籍以奠安。其若蹲若踞于道左者，则为狮山文昌阁，据其上松籁际天，栋云映日，尤称伟观焉。丁亥季夏念一日，狮山之椒忽崩一石于涧中，震厉之声闻于远迩。其高阔约径丈余，形类印然，父老扶节往观，咸啧啧称异，曰："此印浮水面之祥也，"因名曰："印石"。维时水势南趋，石之傍粼粼沮洳耳。无何而水环石下，不逾时，石仅露其顶，渟泓宕漾，深且不测。自此乃有潭之称矣。年来巨鱼骤集，洋洋石畔，如适乐效，父老益啧啧称异，因相与谋曰："群鳞方依以为生，顾令网罟之、药毒之，多方恣捕之，非以遂物性也，且水之利溥矣，何在不足以展其业，乃必于乐生之地而肆其虔刘焉。"公禁之议于是乎起矣。然犹虑人心之不协也，询诸通都之人，通都之人曰："是宜禁。"征诸邑中之绅士，邑中之绅士曰："是宜禁。"则闻诸郡邑之大夫，郡邑之大夫亦曰："是宜禁。"然后知好生之心有同然，盖亦山川之灵有以启其机也。因念忽有石，忽有潭，又忽有鱼，此造物适然之生机，当为造物留之，如领取未潭未鱼之先，杀念从何而萌，亦可以恻然动、翻然返矣，况更烦诸当事之鳃鳃然顾虑也哉。因题其上曰放生潭，属余记其事，以其家于潭之上云。

康熙十三年（1674），吴三桂叛清，耿精忠、尚之信等响应，是为"三藩之乱"。耿精忠从福建出兵，经江西侵入徽州。当年八月，先后攻占休宁、黟县、歙县等地，徽州大乱。与赵家素有仇隙的地方豪强进行报复，不但抓走了赵吉士之父，还将放生潭中的鱼"尽取而食之"，好端端一个风景名胜被破坏得一塌糊涂。十一月，清军反攻，耿军失败退出徽州，赵家转危为安。赵吉士回家乡进行清理，重建放生潭，经过十余年休养生息后，逐渐恢复旧观。于是赵吉士再次为文以记其事：

予所居海阳旧墅有古城山，北距松萝山三十余里，渐溪绕其南，下通三浙。唐初越国公汪华保障六州，常治兵此山之上，故名古城，顶有公祠，亭阁错列，松柏郁葱，俯仰溪流，如游镜中。癸巳夏午，山忽崩巨石，潴溪为潭，潭窈而水萦，游鱼聚焉。予少读书于钱塘之西湖，往来六桥三竺间，孤山之阳，庐舍庵之隈有放生潭，明神宗时内臣卢某之所置也。游人过此，每以饽饪食物类投之，则群鱼竞出，掷波喷沫，奋鳍以争食，有大至三四尺者，予心乐之。后既得是潭，亦名之曰："放生潭"，筑蓝若于上，招住僧，禁网钓。于是潭上下数里圉圉者、洋洋者，俱以是潭为归，而里之人与四方往来者咸投食与鱼为戏，亦如孤山庐舍庵之放生潭焉。予有记载入邑乘。滇黔乱作，东南蠢动，郡中诸不逞素不善予所为者遂揭竿掠邑，并驻古城，尽取潭鱼而食之，且曰："赵某今尚能禁我辈之网钓否？"

呜呼！吾里自国初以来，生聚休养者几三十年，一旦而与鱼俱烂，悲夫！贼既恨予，笺予家尤甚，先大夫同子侄辈俱被擒入巢，几不免为俎上肉，又何有乎是潭之鱼哉？治乱循环，衰极必盛，自甲寅迄今复十有八年，邑里既渐复旧观，潭之鱼亦日渐滋长。顾予则已颓然老矣，逊迹山庄，追忆往事，念倚伏之无常，慨生生之易，辄为此记，命景从立石潭侧，以望后之人永久保，毋使庄子临濠梁而独美也。

观赵吉士两次为文，足见世事无常，福祸相倚，虽一池潭鱼，亦莫能逃脱国运循环之外。今天，古城岩放生潭已经重建，游人如织。珍爱生命，珍惜和平，常怀感恩的心，或许是今天阅读此文所能有的最大的收获吧。

印石遗迹

赵吉士生前虽未能得成进士，仕途亦不甚顺利，但他留下的丰富著述，成为今天徽州学者的宝贵精神财富，是当之无愧的一代奇人。

道光年间以后，在徽商走向衰落的大背景下，旧市赵家同样遭到了败落的命运。赵家在兵荒马乱中死了不少人，更有不少族中子弟吸食鸦片，以致家财耗尽，彻底衰落，连老房子都卖给了方家。2009 年，笔者到万安旧市村进行调查，发现村里只有一户赵姓居民，还是女婿过继来的，真正的旧市赵氏，已经不复存在。赵家的旧宅“御史第”“司马第”，也是败落不堪，住户早已搬走，客厅里居然长满了草。我走在村中的石板路上，回想当年赵吉士也许就是在这条路上踽踽独行，在横江之畔与友人把酒临风，诗文唱和，其乐何极？联想到当年赵家不但财源广进，还出了一堆的进士与举人，谁不谓烈火烹油，鲜花着锦？又岂知百年变迁，破败如今，谁不谓沧海桑田，不胜唏嘘？唯独《寄园寄所寄》那样的文献渊薮，才是可以超越时空的文化财富吧。

三、万安罗盘——中国名片

万安街众多的店铺中，有一处尤其引人瞩目——位于万安老街70号的吴鲁衡罗经店，它所制作的罗盘被称为“徽罗”，是全国现存的唯一以传统技艺手工制作的罗盘，有媒体将其称为“中国的名片”。作为中国传统罗盘的代表，万安罗盘渊源于中国古代四大发明之一的指南针，而它能够在全国众多的罗盘产地中脱颖而出，得益于徽州发达的商业和风水文化，更是明清以来数代罗经大师智慧与心血的结晶。

（一）四大发明之一：指南针

指南针是中华民族对人类文明的伟大贡献。大约在两千多年前，我国古代由于冶炼业的发展，人们在探寻铁矿的过程中发现了天然磁石。战国时期的著作《管子·地数篇》中有“山中有慈石者，其下有铜金”的描述，此处所说的慈石，即磁石。最早明确提出磁石能吸铁的著作是《吕氏春秋·精通》，其中写道：“慈石召铁，或引之也。”反映出当时人们对磁石能吸铁的性质早已了解。磁体指极性的发现大约是在战国时代，这一重大发现为以后指南针的发明奠定了基础。

指南针的雏形被称为司南，最早记载于公元前三世纪战国末年的《韩非子·有度篇》中：“故先王立司南，以端朝夕。”东汉时期王充在他的著作《论衡·是应篇》中对司南作了比较具体的记述：“司南之杓，投之于地，其柢指南。”“杓”，即勺子，“司南之杓”是指用磁石琢磨成的勺子，即司南勺。地是指中央光滑的地面，柢是杓的长柄，可见当时人们是用天然磁石琢制成勺形指南仪器，将它放在光滑的地面中央让它自由转动起来，它会转至与地磁场的南北极相一致的方向，从而用来确定南北方向。汉朝的司南也被用来占卜，占卜术士用它在占卜板上旋转来推测凶吉。这种占卜板被称为地盘，地盘四周刻有八天干（甲、乙、丙、丁、庚、辛、壬、癸）和十二地支（子、丑、寅、卯、辰、巳、午、未、申、酉、戌、亥），以及四维（乾、坤、典、民），共二十四向，用来配合司南定向。今

万安远眺

天考古发现中地盘已有出土，河南南阳东汉墓还出土了石刻司南勺图。

由于天然磁石琢磨成司南杓的成品率低，磁性也较弱，转动时与地面接触产生的摩擦阻力又较大，因此指南效果受到很大影响，使它的应用和流传都受到了一定的限制。大约在唐代晚期，出现了做成针状的磁针，在堪舆中用以确定方位。浙江慈溪县出土唐代晚期光化三年（900）的马夫人墓志罐铭文中有“葬于当乡湖内山北保，其坟甲向”，江西九江市郊出土北宋太平兴国八年（983）的陶十郎墓地券中称该墓“地从东北落龙，作庚向，水流坤出”。这些出土的实物都是当时堪舆家用磁针定位的明证。

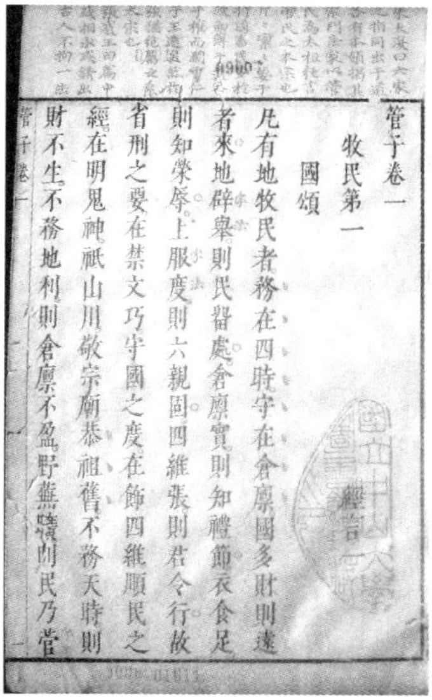
管子卷一
牧民第一
國頌
凡有地牧民者務在四時守在倉廩國多財則遠者來地辟舉則民留處倉廩實則知禮節衣食足則知榮辱上服度則六親固四維張則君令行故省刑之要在禁文巧守國之度在飾四維順民之經在明鬼神祗山川敬宗廟恭祖舊不務天時則財不生不務地利則倉廩不盈野蕪曠則民乃菅
管子卷一

《管子》

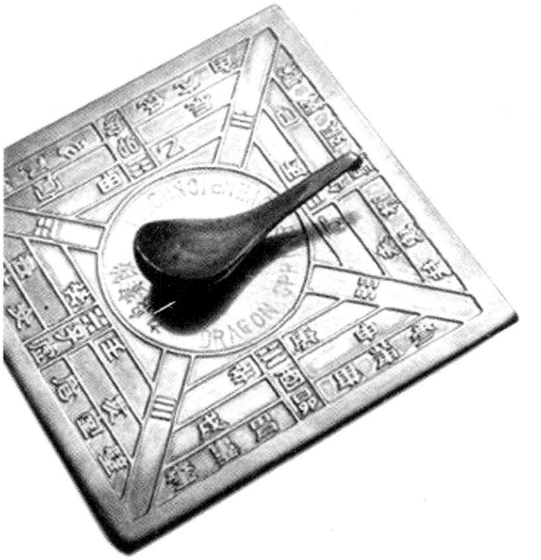

司南

在使用天然磁石的同时，宋代出现了用人工磁化方法制造出来的一种过渡性指南仪器——指南鱼。西晋时代崔豹著的《古今注》上最早提到了

沈括

指南鱼，北宋庆历四年（1044），由曾公亮主编的《武经总要》中详细地记述了指南鱼的制造及应用方法：

若遇天景曀霾，夜色暝黑，又不能辨方向，则当纵老马前行，令识道路，或出指南车及指南鱼以辨所向。指南车法世不传。鱼法用薄铁叶剪裁，长二寸阔五分，首尾锐如鱼形，置炭火中烧之，候通赤，铁钤钤鱼首出火，以尾正对子位，蘸水盆中，没尾数分则止，以密器收之。用时置水碗于无风处，平放鱼在水面令浮，其首常南向午也。

从现代电磁学知识看，把铁叶鱼烧红是为了让铁鱼内部的分子动能增加，从而使分子磁畴从原先的固定状态变为运动状态。然后使烧红的铁叶鱼沿着地球方向放置，为的是通过强大的地磁场迫使运动着的分子磁畴顺着地球磁场方向重新排列，铁鱼就被磁化了。由于我国地处北半球，地磁的方向应是北端向下，因此“蘸水盆中，没尾数分则止”，就是令铁叶鱼“正对子位”的鱼尾略微向下倾斜，使它在更大程度被磁化。蘸入水中是为了使它迅速冷却，把分子磁畴的规则排列固定下来，同时也是淬火过程。这种磁化方法完全是凭经验得来的，但它是磁学发展中的重要一环，比欧洲使用同样磁化方法早了四百多年。

现已发现关于指南针的最早记载，是北宋庆历元年（1041）司天监杨惟德撰写的《茔原总录》，其中写道：“客主的取，宜匡四正以无差，当取丙午针，于其正处，中而故之，取方直之正也。”这里所说的用以指方向的丙午针，就是指南针。北宋时期著名科学家沈括在晚年所著的《梦溪笔谈》卷二十四有更为详细的记述：

方家以磁石磨针锋，则能指南，然常微偏东，不全南也。水浮多荡摇，指爪及碗唇上皆可为之，运转尤速，但坚滑易坠，不若缕悬为最善。其法取新纩中独茧缕，以芥子许蜡，缀于针腰，无风处悬之，则针常指南。其中有磨而指北者，予家指南北者皆有之。

从这里可以看出那时指南的磁性体已发展成铁针状，这种铁针的磁性是通过与磁石摩擦产生的，和现在磁针的形状极为相似。此文中沈括还总结出了四种放置指南针的方法：

（1）水浮法。将指南针穿上几节灯心草，使它浮在水面上，以指示方向，其缺点是容易浮摇不定。

（2）指甲旋定法。把指南针搁在指甲上，也能轻轻转动指示方向。

（3）碗唇旋定法。把磁针放在碗边上指示方向，这种方法和上种方法的缺点都是容易滑落，不够稳定。

（4）缕悬法。用芥子大的一滴蜡，在磁针的中间粘一根单股的新蚕丝，悬挂在无风的地方指示方向。

沈括通过对四种方法比较，认为缕悬法效果较好。

沈括所写的指南针“常微偏东，不全南也”，实际上是提示了地磁偏角的存在。而西方直到1492年意大利人哥伦布在横渡大西洋的航行中才观察到磁偏角现象，比沈括晚了四百多年。

指南针出现后，迅速在航海中得到了广泛的运用。北宋政和年间朱彧所撰《萍州可谈》中称：“舟师识地理，夜则观星，昼则观日，阴晦观指南针。”北宋宣和六年（1124），徐兢由山东经海道出使高丽，回国后撰《宣和奉使高丽国经》记他亲眼所见航海辨别方位的情形：“维视星斗前迈，若晦冥，则用指南浮针，以揆南北。”

如果说北宋时指南针在航海中还是作为天文观测定向的辅助手段，即主要在天气阴晦、难辨星日时使用，那么到了南宋，随着指南针制作水平的提高，在航海中已经完全依赖于指南针了。南宋赵汝适在《诸蕃志》中记载云：

至吉阳，乃海之极，亡复陆涂。外有洲曰乌里、曰苏吉浪，南对占城，西望真腊，东则千里长沙、万里石床，渺茫无际，天水一色，舟舶来往，唯以指南针为则，昼夜守视唯谨，毫厘之差，生死系焉。

此处提到的占城即今越南南部，真腊即今柬埔寨，千里长沙、万里石床即今南海西沙、南沙群岛。航行在南海上的水手和商民，“惟以指南针为则”，小小磁针，关系全船人的身家性命，指南针对航海的重要性已经不言而喻了。南宋晚期朱继芳的诗作《航海》更形象地反映了当时依赖指南针航海的情形：

航海

地角与天倪，茫茫何处期。
星回析木次，日挂扶桑枝。
沉石寻孤屿，浮针辨四维。
飘然一桴意，持此欲安之。

值得注意的是，上述四处记载中提到的宋代航海指南针，有两处是“浮针”，即沈括说的水浮法，以此制作出的罗盘，通常称为水罗盘。至于旱罗盘，则是使用旱针，不借助水的浮力，用一个支轴（即轴针）的尖端顶在磁针的中部，使磁针平衡旋转。与水罗盘相比，旱罗盘不会因水的摇荡而发生位置上的偏移，更为先进。曾经有很长一段时间，学术界曾一直认为中国指南针技术经阿拉伯人传到欧洲后，欧洲人加以改良，发明了旱罗盘，中国国内的旱罗盘则是十六世纪经由日本传来的。1985 年 5 月，在江西省临川县窑背山南宋人邵武知军朱济南于庆元四年（1198）入葬的墓中，出土了七十件瓷俑。其中有张仙人俑一式两件，此俑眼观前方，炯炯有神，束发结髻，身穿右衽长衫，右手抱一罗盘，置于左胸前，左手紧执右袖口，座底墨书“张仙人”，高 22. 2 厘米。考古发掘报告说，该俑“捧一大罗盘，俨然一位地理阴阳堪舆术家”。这对于研究罗盘史极为重要。只有磁针和刻度相配合的指向装置，才能称为罗盘，“张仙人”手中抱的正是磁针与刻度相配合的成熟形态的罗盘。而且，这种罗盘的磁针与水罗盘的水面浮针完全不同，它的中部增大呈菱形，菱形中央有一明显的圆孔，形象地表明用轴支承的结构，显然是一种旱罗盘。这种旱罗盘，是古代风水先生使用的，故又称“堪舆罗盘”。清代乾隆年间，范宜宾在《罗经解》中针对旱罗盘为古制亦做出了肯定。现在，结合考古材料看，可以断定至迟在十二世纪中叶以前，中国的风水先生们已率先发明了旱罗盘，发明的地点很可能在江西一带。

张仙人俑

回顾上述历史，不难看出，中国人很早就认识并利用了磁性来辨别方向，其发展历程为：司南—指南针—罗盘。罗盘的主要功能是辨别方位，而应用它最多的是航海与堪舆。然而，罗盘在地处内陆的徽州会长久风行，与航海并无关系，主要是出于风水堪舆的需要。

（二）中国堪舆

风水堪舆之说，现代人多以迷信目之，其实起源甚早。“堪”，意通

“勘”，有勘察之意；“舆”，本指车厢，有负载通行之意。换言之，勘察地貌，寻找合适的居住通行环境，这是堪舆的最初含义。何者才是合适的环境？显然，气候、阳光、水源、风沙、地形、山势、植被、土壤、方向等等，都是影响人类生存的环境要素，都是堪舆应有的内容。所以，古代的堪舆多用于城镇及村落选址，还有宫殿建设、葬地经营，其最初含义与今天的生态环境学、建筑景观学一类的学科有很多会通之处。先秦时期还没有产生风水术，但是，与风水术有关的相地行为已经产生。早在原始社会，先民就知道择地而居。《墨子·辞过》云：“古之民，未知为富室时，就陵阜而居，允而处。”所谓陵阜，就是河流的台阶地带，许多先秦时期的考古遗址都是在靠近水边的土坡上发现。先民生活在这样的地带，既容易取水和捕鱼，又不会受到洪水的淹没，是相当合适的居住场所。

据《诗经》记载，商代初期，周人祖先公刘为周族寻找合适的聚居地，最终在豳地（今陕西旬邑县西）找到了合适的地点：“笃公刘，既溥既长，既景乃冈。相其阴阳，观其流泉。”

公刘的“相其阴阳，观其流泉”，就是一种寻找风水宝地的堪舆活动。公刘为周人找到豳这样一块风水宝地，利民富国。此后，周族兴旺发展，奠定了立国的基础，东汉郑玄在所做诗经注释中因而对公刘大加称颂：

> 厚乎公刘之居豳也！既广其地之东西，又长其南北。既以日景定其经界，于山之脊观相其阴阳寒暖所宜，流泉浸润所及，皆为利民富国。

公刘的后裔亶父迁居到岐山，亶父后裔周文王迁居到丰镐（今陕西西安附近），根据今天对丰镐遗址的发掘来看，遗址中几乎所有的房屋都是坐北朝南，这样可以取得冬暖夏凉的效果。这正是后世风水师提倡的“子午向”。归纳考古发现的丰镐遗址，先民对居住环境的要求已经相当细密了：地势要取坡度台阶地；地形要选在河床边；土质要干燥，地基要坚实；水源要充足；水质要纯净；变通要方便；四周量有林木；环境要幽雅。这些条件都要通过相地才能达到，后世风水师很推崇这一套。

周文王、周武王经过几十年的经营，终于灭掉了商朝，但由于周人的统治中心在今陕西的关中地区，而商王朝的统治根基在今河南一带，武王在灭商后，一直希望在河南兴建新都，加强控制。这项任务在成王和周公手上完成，《尚书·洛诰》记载了成王和周公派召公到洛水附近“相宅”：“于洛卜宅，厥既得卜，则经营。”于是兴建了洛邑（在今河南洛阳附近），作为周王朝的东都。周公、召公的“相宅”“卜宅”，同样是一种风水堪舆活动。

进入春秋以后，相地知识就丰富多了。《尚书·禹贡》是我国第一部区域地理专著，它以天然的山川、河流、海岸为界，将疆域划分为九个大的自然区，称为九州。又按照我国地势西高东低的特点，记述了黄河、淮河、长江三大流域间的20多座山岭，为后世风水师的“龙脉说”提供了依据。《山海经》是我国第一部堪称上古地理百科全书的文献。它由《山经》《海经》《大荒经》三部分组成。《山经》又称《五藏山经》，它依东南西北中方位，记述了447座山，是我国最早的一部山岳地理专著。《管子》一书的《地员》《地度》《地数》等篇目都是杰出的地学论文，《地员》篇论述了地势、地形、土壤、水文，并以“五土配五音”，后来发展为“五音五行”的风水观念。《地数》篇记述了土地表层与里层的相应关系，指出：“山上有赭者，其下有铁；上有铅者，其下有银。”“上有丹砂者，其下有注金；上有慈石者，其下有铜金。”土地的表里关系，正是后世风水师所想探讨的。由此可见，先秦的相地知识为风水术的产生提供了前提。

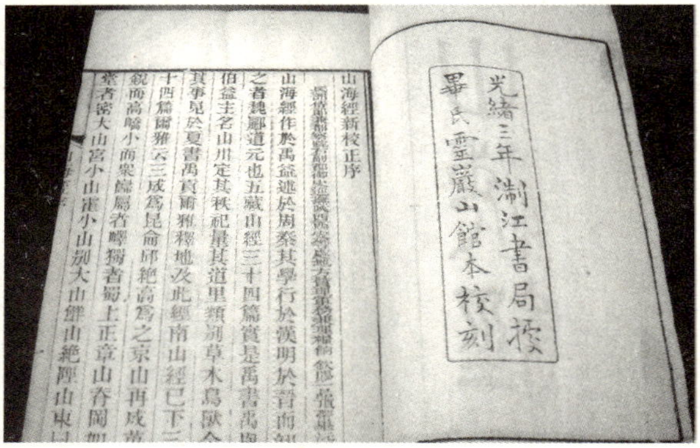

《山海经》

秦汉时期是中国风水堪舆学术正式形成的时期。秦代开始有了“地脉”观念。秦统一后，派蒙恬修长城，开驰道。秦始皇死后，赵高矫诏逼令蒙恬自杀，当时，民间传说蒙恬之死是因为他“绝地脉”所致。秦代还开始出现所谓“王气”的观念。《晋书·元帝纪》谈到南京地理时说：“始皇时，望气者云‘五百年后金陵有天子气’，故始皇东游以压之，改其地曰秣陵，堑北山以绝其势。”西汉时期，出现了大批的术士，《史记·日者列传》记载汉武帝聚会占家，问某人可娶否，堪舆家言不可。这时的堪舆家就是风水师，说明风水观念已经开始萌生。

这个时期的风水观念，越来越重视墓葬。《后汉书·袁安传》记载，袁安的父亲死后，他的母亲要他去访求葬地。袁安在路上遇见三位书生，书生们指着一块地说："葬此地当世为上公"。袁安照此办了，后来果然累世隆盛。东汉末年，江东豪强孙坚的父亲死了，四处访寻葬地。有个异人对他说："你是想当百世诸侯？还是想当四世皇帝？"孙坚说想当皇帝。异人乃指一处，孙坚按照异人指的地形埋葬了父亲。当时富春江有沙涨暴出，又有异人说："此沙狭而长，子孙将为长沙矣。"后来，孙坚任长沙太守，他的后代孙权至孙皓四世称帝。这些故事，都是当时风水观念流行的标志。

魏晋南北朝时期是中国风水学说大成的时期，产生了像郭璞这样的风水术宗师。郭璞（276—324），字景纯，河东闻喜县人（今山西省闻喜县），东晋著名学者，既是文学家和训诂学家，更是风水学的大师。据《晋书》记载：

> 璞好经术，博学有高才，而讷于言论，词赋为中兴之冠。好古文奇字，妙于阴阳算历。有郭公者，客居河东，精于卜筮，璞从之受业。公以《青囊中书》九卷与之，由是遂洞五行、天文、卜筮之术，攘灾转祸，通致无方，虽京房、管辂不能过也。

郭璞所著的《葬书》是中国风水文化的经典著作，一直为风水文化研究者奉为中国风水的开山之作，可以说，晋代以后流传的风水术，其源头就是《葬书》。由于郭璞的这一特殊地位，即便是正史中也记载了非常多的关于郭璞的风水故事，如《南史》中有一段郭璞为张澄看风水的记载：

郭璞

> （张）裕曾祖澄当葬父，郭璞为占墓地，曰："葬某处，年过百岁，位至三司，而子孙不蕃。某处年几减半，位裁卿校，而累世贵显。"澄乃葬其劣处。为光禄，年六十四而亡，其子孙遂昌云。

唐宋之后，随着不同学派的太极图出笼，堪舆逐步发展成为数支不同的生硬术数信仰行业，在民间大行其道，其迷信内容亦大大增加，愈传愈神，亦愈失其真。然而中国人对风水的追求却在不断地升级，上至帝王将相、达官显贵，下至凡夫走卒、升斗小民，无不痴迷于风水，风水师（或称地师）甚至成了相当数量的国人的一门赖以谋生的职业，这种文化现象的产生，是有内在的深刻背景的。

第一，就是因为人的欲望。欲望本是人内心最深处的东西，是每个人都有的，它没有大小之分，永远主宰着你的人生。如果真的要分，那也只能从外现的野心中窥得一斑。

普通的百姓相信风水，是出于对命运的恐惧，他们出于能力的弱小，人为地制造了自身心理上的卑微，导致他们无法改变一些事实或者所谓的命运，甚至从不敢去想怎样去抗争，所以只好寄希望于一些虚无缥缈的东西上面，以期待上天的眷顾或者来世的腾达。当然，也有很多人想到了子孙后代、千秋万世。

而帝王将相、达官贵族相信这一套，是因为没人愿意将自己得到的变成失去的，他们对风水的眷恋，对子孙的“关怀”，让他们相信有些东西，可以让他家族的富贵和荣耀得以长久的延续。那么，一些象征性的东西，往往就成了他们精神的救命绳，这最具有象征意义的“风水”，尤其是吉祥的家居环境，意义非凡的陵寝风水，无疑是抓住了他们的兴致，让他们欲罢不能。

第二，因为运气有时候确实是实力的一部分。中国数千年的风云变幻，多少金戈铁马的传说，多少江山易主的历史，多少谋略、胆识与勇气的长歌中，都有着运气的成分。所以，这使得一些人渐渐相信，有些看不见的力量在对世事的结果起着决定性的作用。

翻开二十四史，历朝历代的开国帝王，都有时人或者后世附会的传说，其中不乏所谓的风水。于是，风水在历史的长河中慢慢演化成一个美丽的命运组成，成了古人最重视的东西。他们深信，风水会给他们的人生带来好运，也能让他们的命运发生最根本的变化。

第三，风水并不是完全没有科学依据的。它是中国传统文化的重要组成部分，是关于地质、地文、水文、日照、风向、气候、气象、建筑、景观等研究综合环境的一门科学，也是中国人趋吉避凶、避祸纳福的一种价值取向。

风水学在长期的发展过程中，与其他相关学科交叉渗透，具有我国古代哲理、美学、心理、地质、地理、生态、景观等诸方面的丰富内涵。风水理论的宗旨是，勘察自然、顺应自然，有节制地利用和改造自然，选择和创造出适合人的身心健康及其行为需求的最佳建筑环境，使之达到阴阳之和、天人之和、身心之和的至善境界。在自然环境、自然方位上，风水理论总结了与建筑相关的天文、地理、气象等方面的自然知识和相应的生活经验。例如，把“背山、面水、向阳”看作是最好的自然方位。把适量的“前低后高”看作是最佳的宅院地势，重视住宅建筑中“水口”（包括入水口和出水口）和“气口”（包括门、窗）的自然方位，主张居室空间的高矮大小、室内采光的阴暗程度均应适可而止等。

这些环境因素，都是与人的身心健康密切相关的。否则，把住宅建在有自然危害之地，或者把居室建成采光、通风、温度、湿度都很糟的人工环境，任凭多强壮的人，住久了也是要生病的。由此可见，风水自有它存在的道理。

鉴于以上的几点原因，选“风水宝地”就成了古人的头等大事，从生前的住所到死后的坟墓，都和风水息息相关，而且从平头百姓到高高在上的帝王莫不如此。

当然，作为帝王，除了保住自己的“王气”外，还有一件重要的事，那就是破坏别人的“王气”，而这种破坏基本上是从破坏其他王朝的陵寝开始的。这当中，女真族建立的金朝皇陵的遭遇最为典型。

北京房山金朝皇陵

金朝的皇陵位于今天北京的房山区，共埋葬了从金太祖完颜阿骨打至金章宗完颜璟在内的 17 位皇帝。蒙古人建立的元朝灭掉金朝，进入北京后，出于报复的目的，曾经盗掘过部分金朝帝陵。但在完成统一中国后，蒙古人认金国为一家，对金代皇陵进行了整理，还装模作样地定期祭祀，金代皇陵一度成为元时有名的“京西八景”之一。明朝建立后，沿袭了元朝的做法。但到了明代末年，女真后裔努尔哈赤统一女真各部，于明万历四十四年（1616）在东北建国，国号“金”，史称“后金”，也就是清朝的前身。努尔哈赤启用这个国号的用意很明显，就是复兴当年女真人建立的金国。明军在与后金军的作战中屡战屡败，形势岌岌可危。明熹宗朱由校（天启皇帝）听信术士的鬼话，认为后金是“金国余孽”，其兴起是三百多年前入葬的京西金朝皇陵“王气”太盛，女真因此龙运未绝，遂采纳了破风水、断龙脉、泄“王气”的“妙计”。通俗地说，此“妙计”就是要挖掉努尔哈赤的祖坟。

金朝皇陵被破坏后的遗迹

天启二年、天启三年（1622、1623），明熹宗先后两次派人去九龙山掘陵搞破坏，从地上到地下，从里面到外面，辉煌一时的金国帝王陵全给毁了，不留一座；在砸毁全部地面建筑后，又掘开各陵地宫，用散落在地的石柱、栏杆一类的建筑构件和乱石塞死。为了彻底绝断女真王气，经风水师的指点，明熹宗派人在金太祖睿陵所在的“龙头”上动土，硬“砍”掉一块，以去除“龙角”，龙头下所谓的“咽喉”部位也被掘挖出一个大洞，让女真这条“龙”成为死龙；还怕不彻底，又在各陵址上建起了多座关帝庙，镇住女真的“王气”；还特别在睿陵原址修建“皋塔”一座，请来与岳飞一道抗金的南宋名将牛皋，与关公一起，给大明王朝“抗金”。为什么要在睿陵原址建“皋塔”？这是根据民间的《说岳全传》选址的，说书先生所说的“气死金兀术，笑死牛皋”的故事据说就发生在那里。当时所建的庙、塔遗迹至今尚存。

由于“天启掘陵”破坏严重，给后世的考古发掘工作带来了极大的麻烦。这些年，北京当地的考古工作者一直在大房山一带进行考古。2003年，金太祖睿陵遗址被找到，成为当年的一大考古发现。目前金国帝王陵的考古工作仍在进行之中。

然而，金代皇陵虽然被明熹宗破坏掉了，女真族的“龙脉”似乎并未被挖断，倒是朱姓天子的大运不在了，泄了自己的“王气”。天聪十年（1636），清太宗皇太极改女真为满洲，改后金为大清，更加强大了。当然皇太极选用这个新朝的名称也是有讲究的：明朝的明，代表的是火，按五行学说，“火克金”，后金因此难以彻底推翻大明；改为大清、满洲后，全部是水字旁，“水克火”，应该能彻底灭明。皇太极的这个做法，还是有着风水上的考虑的。1644年，清政权最终结束了朱元璋一手开创的大明王朝，一直到268年后，清朝的“龙脉”才在辛亥革命中被“革”掉，中华博大精深的帝王陵寝文化也成了千古绝唱。

针对风水与王朝的关系，清圣祖康熙帝曾一语道破天机，“从来国运之兴衰，关乎主德之善否。上天降鉴，唯德是与。有德者昌，无德者亡，与山陵风水原无关涉”。这话多漂亮啊？一个封建帝王有此想法国运怎能不旺？这是百姓之福，在封建制度下，也是江山永固的基石。

（三）徽州风水

徽州人重视风水堪舆，与宋代理学重视葬地有密切的关系。北宋时理学家程颐云：

卜其宅兆，卜其地之美恶也，非阴阳家所谓祸福者也。地之美者则其神灵安，其子孙盛，若培壅其根而枝叶茂，理固然矣，地之恶者则反是。然则曷谓地之美者？土色之光润、草木之茂盛乃其验也，父祖子孙同气，彼安则此安，彼危则此危，亦其理也。而拘忌者惑以择地之方位、决日之吉凶，不亦泥乎？甚者不以奉先为计，而以利后为虑，尤非孝子安厝之用心也。惟五患者不得不慎：须使异日不为道路，不为城郭，不为沟池，不为贵势所夺，不为耕犁所及。

南宋时朱熹为理学的集大成者，他的风水观念，体现在宋孝宗兴建陵寝时一道折子中：

葬之为言，藏也，所以藏其祖考之遗体也。以子孙而藏其祖考之遗体，则必致其谨重诚敬之心，以为安固久远之计，使其形体全而神灵得安，则其子孙盛而祭祀不绝，此自然之理也。是以古人之葬，必择其地，而卜筮以决之。不吉，则更择而再卜焉。近世以来，卜筮之法虽废而择地之说犹存，士庶稍有事力之家欲葬其先者，无不广招术士，博访名山，参互比较，择其善之尤者然后用之。其或择之不精，地之不吉，则必有水泉、蝼蚁、地风之属以贼其内，使其形神不安，而子孙亦有死亡绝灭之忧，甚可畏也。

朱熹一方面视风水堪舆为“猥贱之末术”，另一方面在当时“择地之说犹存”，稍有实力之家皆追求厚葬的情况下，要求慎择葬地，而且将其提到有可能导致子孙“死亡绝灭”的高度，这对后世徽州追求风水的社会风气带来了巨大的影响。

徽州处处灵山秀水，为风水术的根植与生发提供了良好的条件，加之程朱理学对风水说的肯定和推助，使徽州人对风水与命运的因果关系产生了更深的认同。明初休宁大儒朱升，除完成多部儒家学术著作外，也曾著作风水之书《龙穴阴阳之诀》，是著名的风水学专著。明清时期，徽商兴盛，大量财富流入徽州，更为名门富户追求风水宝地提供了雄厚的经济基础。这一切都使明清时期的徽州成为中国风水文化最为兴盛的地区。以下姑举数例，以见其盛。

休宁县城的风水设计。休宁有建制的一千八百多年的历史中，县治曾七易其址，直到唐天宝九年（750），才最终定址在松萝山之南这个山环水抱的盆地中。因为风水说认为，一城的选址，关系到治下的人民与一州一县未来的前途命运和福祉。展开清康熙年间的“休宁城郭图”，山间水涯，依照风水理论构建的城市美如画卷。城市所依的龙脉来龙深远，气势磅礴，形神厚重，气脉贯注。罗城（环城的山）环护，则东有万寿山，西有凤凰山，南有玉几山，北有乾头山，完整地构成了左青龙、右白虎、南朱雀、北玄武，是最理想不过的“四神砂”（砂，是指环城的近山）。随龙脉而来，自北逶迤南下的夹源水绕西城行至城西南端，与汤汤东下的横江交汇于玉几山下，再绕南城，回环于东城，去万寿山。水系正合“水流三面环绕缠护为吉”。夹源水与横江汇聚后清净悠扬，盘桓欲留，江深水阔适宜舟楫航行。筑城临水，水深则民富。风水说认为：最上乘的建城吉地，既要有山可依，又须有水可通舟船。因此，休屯盆地这块山水相交、阴阳融凝、情之所钟处，正是结穴筑城之佳地。宋代兴修的城墙周长九里三十步，三十步为九百尺，九里九百尺含九九归一之意。九又为阳极之数，象征天。“迎春”“忠孝”“班政”“良安”“敉宁”“美俗”六个城门，暗合阴极之数，象征地。天地交感，阴阳合德。到了明嘉靖三十五年（1556），为防备“倭寇”入侵又重修了城墙，并改城门为七门。东西南北依所朝的山峰万寿山、齐云山、玉几山、松萝山更名为“万宁门”“齐宁门”“玉宁门”“萝宁门”，祈求太平安宁。万宁门、玉宁门建月城是为万寿山、玉几山罗城补缺。若从风水学上来认定，则休宁城是龙脉耸秀，四神围护，山环水抱，罗城无缺，取向大吉，穴位准确，达成了阻挡风沙、迎纳阳光、阴阳和合、营造良好的生态小气候的目的。正是这充满诗情画意的山城、正是这方风水，赋予休宁人无比丰富的心理感受和无限的心灵寄托。

棠樾鲍氏巧取雄村曹氏风水宝地。为了选择好的“风水”，有的家族甚至不惜代价重金购求。歙县棠樾的鲍氏宗族，是明清时徽州强宗大族之一，今天的歙县棠樾牌坊群就是这个家族的杰作。鲍家曾有一次选定了一处好风水，地点竟然是在歙县雄村曹氏宗祠大院里！雄村曹氏也是著名的绅商大户，清代的曹文植、曹振镛父子还曾经做过大学士、军机大臣，身份之显赫，实在鲍氏之上，自然极不好惹。为此，鲍氏族人挖空心思，在曹氏宗祠附近某个地方砌起一圈围墙，在墙内筑了一座假墓，墓下再挖一条地道，通向曹氏宗祠大院地下。然后乘夜深人静之时，将祖宗棺材通过地道运进风水宝地。可是，此一举动不巧被附近的人看到了。鲍氏族人为了不泄露天机，遂以重金收买封口。但此事后来还是被曹氏家族发觉，遂告到了官府。不过，在官府派人到雄村调查之前，鲍氏又以每只一两银子的高价，大量收购蜘蛛，将之放入新修的假墓中，结果一夜之间蛛网密布，鲍氏得以证明不是新葬，而是久远的一座老墓。曹氏家族竟也无可奈何。

呈坎前罗与后罗围绕风水宝地的“智斗”。歙县呈坎村的罗氏，也是徽州的名门望族之一，其祖先是江西豫章罗氏子弟罗天真和罗天秩，两人本为堂兄弟，唐末一同迁居到呈坎，罗天真的后裔称为“前罗”，罗天秩的后裔称为“后罗”。可见，前罗与后罗本是一根藤上的瓜，但是双方的关系却一直不怎么好。后罗始祖罗天秩死后，葬于本乡杨干村，他的后代从南宋开始，出现了一大批的高官显宦，如罗汝辑在宋高宗时曾任吏部尚书，他的儿子罗愿做过鄂州州判，还是流传至今最早的徽州方志《新安志》的作者。后罗“辈出冠盖，相望辉煌”，明弘治十二年（1499），徽州知府彭泽为后罗专门立了一座“文献坊”，载入的后罗文教名人达34人之多。相对来说，前罗宋元时期发展很有限，到明代中期以后，由于族中出现了一大批经营四方的富商巨贾，逐渐崛起，但在科举、文化上与后罗还是相差甚远。有风水先生告诉前罗的子弟说：“后罗出那么多大官，是因为始祖在杨干的风水好，是个大发之地。”前罗子弟对此嫉妒异常，于是在罗天秩墓边建了一座寺庙，供了一尊千手观音，观音的左边的一只手指着后罗始祖的风水宝地，据说如此一来，“后罗就再也发不起来了”。为了这件事，前罗、后罗宗族打了很长时间的官司，一直打到南京，最后官府判定，寺庙可以建，但是不准修。后罗子弟感到有机可乘，每年清明祭祖时，即对寺庙进行破坏。不久，千手观音菩萨大殿倒塌，前后罗之间围绕风水宝地的这场长期斗争才告结束。

赵吉士苦心选坟地。清初，万安旧市人赵吉士的父母虽早已落葬，但仍以未找到真穴而惴惴不安。赵吉士为此不仅在徽州当地遍求堪舆名家，还到白下（今南京）寻访地师，终于在松萝山北之琅源寻找到合适的葬地：

甲寅，葬先父母于琅源台上狮高原，此癸未年先宜人携余避乱处也，曾作诗纪此山之胜，今三十六年矣。徂岁访地师于白下，时伊大农奉旨伐木江南造船，慕巡抚行咨谓新安多巨木，须遣道员督伐。伊公知予徽人，因以抚咨掷阅。予对曰：“大木尽有，但不适用。”伊公云：“既有大木，自合式，如何不适用？”予对曰：“徽处万山中，每年木商于冬时砍倒，候至五六月梅水泛涨，出浙江者由严州，出江南者由绩溪，顺流而下，为力甚易。值此隆冬即伐木，木不能出，徒利木商耳。”伊公首肯，遂寝其事。及予归里，未旬日，周地师云：“地已得矣，风水合局不必言，合抱大木罗列于前，亦不知多少。”予心动，谓果如愿，即旧冬陈说于大司农前，非为桑梓，正以保吾父母茔木也。因不惜重价成事，阖郡堪舆家二十余人，纷纷点穴不定。予用称土法，择土之重者用事，及开金井，土如紫粉，光润异常，登山者咸贺得地。

赵吉士曾说：“风水之说，徽人尤重之，其平时簿争结讼，强半为此。”从他挖空心思为父母寻找吉壤的过程中，足见此言不虚。

有民谚云：“生在扬州，玩在杭州，吃在苏州，葬在徽州。”徽州风水之说如此盛行，堪舆术在徽州自然大行其道。如清代绩溪上庄人胡颜庵，本为一成功的商人，族谱中记载他“念先人浮厝未葬，遂潜心堪舆之学，昼夜研究，靡间寒暑。平生奔走江湖，稍获微资即归里安葬先人，建造坟茔，筑就完囨。若必欲如是，而心始快”。胡颜庵如此醉心于风水，可谓一业余堪舆家。至于职业堪舆家，即所谓“地师”，数量也相当可观。赵吉士为了父母的坟地，一次就请了二十多人，可见以堪舆为生者不少。

（四）万安罗盘

徽州人重风水，堪舆发达，对用以点穴定位的罗盘，无论在数量还是质量上，要求都很高，因此，从元代初期开始，徽州的罗盘业逐渐超过了此前领先的江西赣州，成为全国罗盘业的中心。万安罗盘业就是在这样的大背景下应运而生的。

风水利器：罗盘

万安人制造罗盘应该从元代就开始了。明代休宁人金人龙的《罗经解》，就是一部研究罗盘堪舆的专著。清代，徽州罗盘制造业更加发达，康熙年间《江南通志》卷八十六物记徽州物产云：

罗盘。歙邑称最，程宏宇、汪永年二家造者尤精。

定时罗。一名日晷。纹理工致，本质端好，惟程宏宇、汪永年二家制者，四方未有伦比。

此一记载，反映出清初徽州罗盘技艺已经冠绝全国，“四方未有伦比”。不过，当时徽州罗盘制造的中心在歙县，主要是程宏宇、汪永年两家。到了清代中期，万安罗盘终于超过了歙县，方浚师在他的笔记《蕉轩随录》中载有“定时罗”一篇云：

日晷

一名日晷，纹理工致，本质端好。《通志》所载惟程宏宇、汪永年二家制者，四方未有伦比。又罗盘称歙县为最，亦以汪、程二姓所造为精。近则日晷、罗盘专以方秀水家著名，并汪、程之名亦不知之矣。

方秀水就是万安街上的罗盘老店之一。除方秀水外，著名的还有吴鲁衡、胡茹易、胡平秩等。这些老店中，方秀水曾经是领先者，但在经过近百年的长期竞争后，被吴鲁衡超越，十九世纪以后的万安罗盘，当以吴鲁衡为代表。

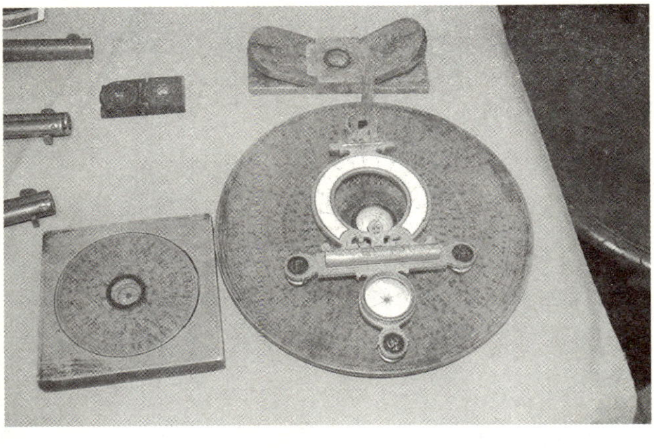

特色罗盘

今天，万安罗盘的生产已经形成了一整套严格的工艺流程，以著名的吴鲁衡罗盘为例，一般要包括以下八道工序：

清代老罗盘

第一道工序是精选坯料。万安罗盘对木料要求很高，必须选用徽州稀有的质地坚韧细密不显纹理的虎骨木，根据不同的直径、厚度，锯好罗盘毛坯，刨平木坯表面。

第二道工序是车圆成坯。将毛坯用车床车圆成型，并挖好装磁针的圆孔。

第三道工序是分格。依照不同型号、盘式的图谱，从同一圆心以长短各别的半径画划圆周为横格，再按阴阳八卦、天干地支等刻直格。依推数派系、诸家盘式分别，不允许有细微误差。

第四道工序是清盘。将盘面刻画处填墨色，并清理干净，再以细砂纸和木贼草（一种中草药）磨光。

第五道工序是书写盘面。按照秘藏图谱，用毛笔蝇头小楷。依各种盘式书写分格的内容，须严谨细心，端正无误。

第六道工序是上油。首先要熬炼桐油，要运用独特的工艺传统。其次是要对罗盘多次上油，其技艺超过对漆匠的要求。罗盘的光亮度全凭这道工序，油得好的罗盘百年后仍光洁清晰。

第七道工序是安装磁针。这是最关键的工序，一般均由店主亲自在密室内单独操作，其技艺往往“传媳不传女”。首先是磁化钢针，即将钢针置放在天然磁石上使其磁化。吴鲁衡罗经店中使用的磁石，相传源自天外陨石，磁化的磁针具有灵敏度高、永不退磁的性能，是“镇店之宝”。其次是安装磁针，要精密地测定针的重心，然后牢固地安在圆孔里，而且不能使支点产生阻力，以便于指针自由转动。磁针装毕，最后封盖圆玻璃片，一具罗盘便制作完成。

第八道工序是进行包装。一般选用木盒、锦盒和铜盒等包装，并贴上吴鲁衡老店的标签。

罗盘（背面）

万安罗盘作为一种堪舆罗盘，它的形制是以中国传统的九宫八卦、阴阳五行学说作为理论基础的，由指示方向的磁针和占测方向的占盘组成。指南针位于罗盘的中心，它的周围是占盘，占盘是由按同心圆次序布列若干层以一定的规律和原理排列的术数字符构成的方位盘。江西临川出土的宋代张仙人陶俑所持的罗盘，中心是指南针，外层的方位盘只有一圈。随着堪舆理论不断深化，罗盘的形制日益复杂，由简至繁，形成了多种款式。又由于风水派别和大师传承的不同，亦形成了不同的种类，同种类的罗盘也因风水师传的不同和产地的不同，而有细微的差异，且同一种类罗盘因尺寸大小的不同，所容纳的圈层内容则又会有所增减。就种类来说，明清以后传承至今的罗盘主要有三合盘、三元盘、综合盘和朱子盘。朱子盘为徽州仅有的盘种，三合盘在徽州最为盛传。

不同的风水门派使用的罗盘种类不一样，不同的地区使用方法也不一样，但不论何种类型的罗盘，不外这样几个特征：一是用指南针定向；二是有一个可转动的圆形刻字盘；三是主要用于占方位吉凶。由于使用者和使用对象的不同，罗盘有着大小不同的尺寸，大者直径尺许，小者可置于掌心；圈层数亦有多有少，少者三五层，多者三四十层。一般而言，小型罗盘直径小，圈层内容少，精度稍差，但便于携带。大型罗盘圈层内容多，信息量大，精度高，然而尺寸大，不方便携带。中型罗盘介于两者之间，多数情况下已够用。以徽州最为通行的吴鲁衡产五点五寸徽盘为例，包括十六层，分别是：

第一层天池，第二层龙上八煞，第三层八煞黄泉，第四层坐山九星，第五层正针地盘二十四山，第六层穿山七十二龙，第七层正针一百二十分金，第八层中针人盘二十四山，第九层透地六十龙，第十层缝针天盘二十四山，第十一层缝针一百二十分金，第十二层盈缩透地六十龙，第十三层浑天星度五行，第十四层三百六十五度，第十五层星度吉凶，第十六层周天宿度。

此外，在罗盘的背面通常载有“游年歌诀”：

乾六天五祸绝延生，坎五天生延绝祸六，艮六绝祸生延天五，震延生祸绝五天六，巽天五六祸生绝延，离六五绝延祸生天，坤天延绝生祸五六，兑生祸延绝六五天。

按照风水理论制作出的万安罗盘，每一层都包含着非常复杂的内容，在堪舆中各有其意义，要掌握它的详细含义，必须对堪舆理论有相当深入的理解才行，常人想要了解清楚绝非易事。对于大多数将万安罗盘当作纪念品的游客来说，在收藏之余，不妨掌握一点罗盘的指示方向的功能。

首先，罗盘中央的天池是指南针所在，这是定制，没有例外。按阴阳五行之说，南方为火，其象为朱雀，因此指南针用以指南的一端总是用红色涂染。当罗盘摆放稳定以后，红色的一端所指即是南方，这是罗盘最基本的指示方向的功能。在天池底部有一条黑线，称作海底线，使用磁针时南北向要与底线重合，这样指南针指定南北以后，海底线就是连接南北的子午线，相当于地球仪上的经度线。

其次，罗盘第二层的龙上八煞，在圆周上划分了八个区域，即八宫，以辰、寅、申、酉、亥、卯、巳、午这八个地支来表示，代表着八个不同的方向。在堪舆理论中是将它与《易经》中的八卦相配的，故也可称为卦位。

再次，罗盘第五层的二十四山，是在八宫的基础上更细致地划分出了方位，每一宫在二十四山上可进一步细划成三个不同的角度。

了解这些基本常识后，调整罗盘的角度，使指南针与海底线重合，将红色的一端对准代表南方的亥位。按一周360度计算，将北极设为0度，南极设为180度，按照表2，即可知道罗盘各部分所代表的方位了：

表2　罗盘方位、卦位表

方位	卦位	二十四山角度	二十四山角度	二十四山角度
正北	辰	壬（337.5～352.5）	子（352.5～7.5）	癸（7.5～22.5）
东北	寅	丑（22.5～37.5）	艮（37.5～52.5）	寅（52.5～67.5）
正东	申	甲（67.5～82.5）	卯（82.5～97.5）	乙（97.5～112.5）
东南	酉	辰（112.5～127.5）	巽（127.5～142.5）	巳（142.5～157.5）
正南	亥	丙（157.5～172.5）	午（172.5～187.5）	丁（187.5～202.5）
西南	卯	未（202.5～217.5）	坤（217.5～232.5）	申（232.5～247.5）
正西	巳	庚（247.5～262.5）	酉（262.5～277.5）	辛（277.5～292.5）
西北	午	戌（292.5～307.5）	乾（307.5～322.5）	亥（322.5～337.5）

（五）吴鲁衡老店：历经沧桑，百年不衰

吴鲁衡罗盘的兴起，是由几代罗经大师的艰辛努力、开拓进取而完成的。据《吴氏家谱》《吴鲁衡嫡传罗经老店系统图》等资料记载，吴鲁衡祖居歙县十七都五图黟坑（今徽州区潜口附近），与休宁的琅源山仅一岭之隔，祖上以山居砍材为生。明万历后期（约1600前后），其先祖吴富携家外迁，定居于休宁三都二图十甲阴干村（今属休宁海阳镇），改事农桑，耕耘度日，后迁至万安街。吴鲁衡为万安吴氏第六代，名国柱，生于康熙四十一年（1702），卒于乾隆中叶（约1760），葬万安水南流塘。

吴鲁衡从事罗盘制作，最早是进入方秀水老店当学徒的。据吴鲁衡的后人介绍，在万安罗盘业内，有一条清规戒律：为保证万安罗盘的制作技艺不被外传，“安放磁针”这道工序必须由店主亲自在密室里安装，旁人不得窥视偷学。而且，这道秘技“传媳不传女”。而其他各道工序，也是

吴鲁衡创始人

各守其位，不得旁骛。技工年少进店，老死出店，诸多学徒即便后来成了师傅，顶多也只能掌握前五道工序。但吴鲁衡却是个“例外”。据《吴氏家谱》记载，吴鲁衡十二三岁就被送到了方秀水罗经店当学徒，由于天资聪颖、嘴甜腿勤，很快就赢得了店主的信任和赏识，进而拥有了更多的学艺机会，包括能自由走动偷学。

清雍正年间，吴鲁衡离开“方秀水罗经店”，集徽盘、粤盘、闽盘之精华，扬徽盘之特色，在万安上街创办“吴鲁衡罗经店”。凭借精益求精、一丝不苟的制作态度，吴鲁衡制作出的罗盘很快就在市场上超越了方氏罗盘。而吴鲁衡并不满足，又独具匠心地开发出日晷、月晷和指南针盘等产品，成为国内罗盘制作界之翘楚。吴鲁衡的产品工艺精巧，外形美观，功能齐全实用，深受消费者欢迎，产品畅销各地，一举奠定了吴鲁衡老店的发展基础。由于吴鲁衡对万安罗盘这一中国名片做出的杰出贡献，2000年，他与陶行知、朱熹、胡适、戴震、黄宾虹等三十人一起被评为“千年徽州杰出历史人物”。

吴鲁衡二代传人光煜，字涵辉，生于乾隆九年（1744），卒于嘉庆十一年（1806），他继承父业，启用“涵记”标识。三代传人洪礼（1785—1830）、洪信（1791—1849），四代传人肇瑞（1817—1861）、肇坤（1810—1863）均为兄弟共同经营，继续沿用“涵记”标识。吴鲁衡涵记老店位于万安镇车田村下桥西组，前店后坊，大门外有木亭，上书“吴鲁衡涵记老店”。大门开在中轴线上，一进为门亭，二进为一脊两堂三开间，三进为回廊式厢房，四进为作坊，已毁。该宅始建于清代同治时期，柱子方型，梁架为月梁，饰有如意、花草、土龙图案，楼上槅扇窗为小方格，地面铺设木板。

吴鲁衡的五代传人吴毓贤（1851—1922），为肇瑞之长子，他将罗经店迁至今万安上街70号新址，该处前店后坊，仓库齐全，建筑面积近三百平方米，是目前万安街唯一留存的罗经老店旧址。吴毓贤后期启用“毓记”标识，继续沿用吴鲁衡品牌，讲究诚信，务实求新，产品更上一层楼。民国四年（1915），他与长子吴慰苍共同制作的日晷获巴拿马万国博览会金牌奖，同年，又荣获民国政府农商部二等奖和南京南洋劝业会优等奖，创造了万安罗经业新的辉煌。民国前期，吴鲁衡老店经营非常辉煌，而方秀水老店因为经营不善，陆续出租他人。经过近百年的竞争后，吴鲁衡彻底超越了方秀水。

巴拿马万国博览会奖章

吴鲁衡六代传人吴慰苍（1900—1960），自幼随父习作罗经制作工艺，他承前启后，奋发努力，艰难维持。1931年“九一八”事变后，日寇占领东三省，东北市场丧失，对吴鲁衡是一次沉重的打击。此后连绵的战争，更使整个万安罗盘业走向了衰落。

新中国成立后，万安罗盘得到了新生，继续以家庭作坊的形式进行生产，由于种种原因，恢复发展不快，但这项宝贵的非物质文化遗产却完整地延续了下来。20世纪50年代末，公私合营，万安罗盘业凋零，吴慰苍

商标

应召前去屯溪工艺品社生产罗盘，开发出应时代之用的“罗盘仪”“月节日晷”等产品。同时，吴慰苍还被选为休宁县政协委员。

吴鲁衡的七代传人是吴水森，与共和国同龄，自小接触罗盘，深受其父熏陶。1960 年，吴水森小学未毕业，父亲撒手西归，罗盘停业。当时，正值国家困难时期，老一辈罗经制作大师因年迈相继去世，整个万安罗盘业处在奄奄一息之中，幸亏吴水森母亲也有精湛的技艺，才使罗盘工艺不致失传。当时，常有人找上门修罗盘，吴水森年幼志高，决心习艺。他先随母练习维修，由母亲教他修装术，母亲稍一点拨，机灵的他一学就会。为接济生活，吴水森一边上学，一边帮助母亲修罗盘，首先很快掌握了装磁针这一关键技术。1968 年开始，他插队农村 3 年，1971 年招工到铜陵，1981 年调到休宁县化肥厂。其间因“文化大革命”特殊时期，吴水森只能在家偷偷研习罗盘，从而使技艺、学识不断提高。

20 世纪 80 年代初，一股和煦的春风吹遍了中国大地，改革大潮兴起，给吴水森施展才能提供了良好的机遇，他坚持学习科技知识，不断摸索实践。有了小时候修罗盘的经验，又掌握了独立操作、继承罗经祖传工艺的技术，再加上近年养成的钻研技术的劲头，吴水森萌发继续生产罗盘的念头，要使“吴鲁衡”这一百年品牌延续下去。但当时由于“文化大革命”破四旧等历史原因，在相当长的一段时间内，这项传统的民族工艺一度停

吴水森先生

顿，人们普遍认为“吴鲁衡”已经没有嫡传的继承者。但吴水森几经周折，终于不负众望，于 1992 年注册成立了“休宁县万安吴氏嫡传罗经老店”。最初几年，很多客户搞不清楚，“吴鲁衡老店”真假难辨。在此情形下，吴水森认识到，要传承祖业，就要走一条“以质量求生存、以名牌赢市场”的发展之路。1995 年，吴水森生产的日晷等产品被国家商标局正式核准注册“吴鲁衡”商标，取得了商标的合法使用权，为争创著名商标打下了基础。

吴水森特别注重“产、学、研”相结合，1994 年，吴水森指导撰写的论文《万安吴鲁衡古罗盘简解》，被黄山市《徽州社会科学》编辑部以增刊形式选入《徽学研究论文集》，并在中国科学院历史研究所等单位主办的“首届国际徽学学术讨论会”上，发给中外专家学者交流。1995 年，经县科委批准，万安成立了“休宁县万安吴鲁衡罗经科技研究所”，下设新品开发室和传统文化研究室，挖掘徽学理论，开发了古罗盘、日晷的新工

民国农商部奖状

艺、新用途。

吴水森对经营理念提出了四个结合：传统和创新相结合，高雅和通俗相结合，高消费和平民消费相结合，境外与境内相结合，突出实用价值、史料价值、收藏价值和艺术品位。将罗盘、日晷合理地与生活用具结合起来，采用圆雕、镂雕、浮雕、书法、国画等艺术手法，精致美观地再现了传统产品的文化底蕴和新兴工艺品的创新艺术。自 1992 年以来，先后有新型装饰工艺莲花八卦罗盘、金龟系列罗盘等产品四次在国内工艺品展示会上获奖，“吴鲁衡”牌商标也被黄山市工商局认定为著名商标。吴水森制作的徽盘盘式比较全面，有三合盘、三元盘，综合盘、朱子盘等系列。规格从 1 寸至 2 尺，圈层从 2 层到 46 层，共几十个品种。日（月）晷也有地平式、赤道式相关的十几个品种，新型的装饰工艺产品则有金龟型、莲花八卦型、双龙戏珠型、首饰杯型等几十个系列品种。产品以质量上乘、精密度高而畅销国内外，远的甚至已销往新加坡、日本、美国等国家和我国台湾地区。

吴鲁衡嫡传罗经老店已成为全国唯一一家经历三个世纪，一直由吴氏祖孙世代沿传，具有独特工艺技术的厂家。1992 年，吴水森的罗盘、日晷首获黄山工艺美术博览会优秀产品奖；1994 年，罗盘曾作为首届国际徽学讨论会的珍贵礼品赠予百余位代表；1995 年，新开发的装饰工艺罗盘系列又荣获“中国（黄山）专利技术及产品博览会金奖”；1996 年，又被评为“休宁县科技进步奖”；2004 年，金龟罗盘荣获首届黄山市旅游工艺品评选展示会“优秀奖”。

吴鲁衡老店（外景）

身为罗经大师嫡系传人的吴水森对祖业的继承不愿有一点缺憾，在多年的研究继承中，他始终有一个心愿，希望将北宋科学家沈括描述的罗盘制作技法中的缕悬式罗盘再现当今世人的面前，使万安罗盘更为完整。于是他一边查找资料，一边潜心研究，终于在 2005 年到来之际，制作出一台具有定方位和旅游观赏等多种功能的缕悬式罗盘，其精确度经科学测试，相对于水罗盘确有独到之处，再现了失传 500 余年的缕悬式罗盘之貌，弥补了万安罗盘的一点缺憾。此项成果的取得，在传媒上引起较大的反响，同年参加“第九届黄山国际旅游节暨徽文化大观园”产品展示，开启了吴水森罗盘的新篇章，产品供不应求。中国国家自然博物馆选定吴水森为该馆仿造明、清时期的罗盘。2005 年，万安罗盘申报国家非物质文化遗产，安徽省文化厅所选送的罗盘样品及材料，绝大部分是由吴水森提供的。2006 年，万安罗盘被国家文化部正式列为中国传统手工技艺类非物质文化遗产（编号Ⅷ-49）。

在继承中创新，在创新中发展，是吴水森把祖业发扬光大的最好诠释。2009 年 2 月 12 日，在北京全国农业展览馆举行的中国非物质文化遗产传统技艺大展上，国务院前副总理李岚清来到万安罗盘展位前，仔细地观看万安罗盘传承人吴水森的作品，并关切地询问吴水森多大年纪，得知这位61岁的老艺人始终坚持从事罗盘制作这门手艺，并代代相传。李岚清连声称好，表示党中央、国务院对中国传统技艺十分重视，一定要把传统文化遗产保护好、发展好，还询问老店罗盘制作工序、市场销售、传承人等方面的情况。当得知吴鲁衡老店发展情况良好、后继有人时，李岚清十分高兴，满意地和吴水森握手告别。

吴鲁衡老店（内景）

万安罗盘的发展史是一部历经艰难而又不断开拓创新的历史。20 世纪 80 年代以来，万安罗盘出现了新的发展局面，这一几乎被“灭绝”的传统技艺获得了新的发展契机，来之不易。但经过二十余年来的发展后，也出现了一些新的问题：万安罗盘和日晷曾经有上百个品种，但现在能够生产的只有十几个，吴水森先后重新研制出已失传五百多年的缕悬式罗盘和明代时期的日月合晷，固然难能可贵，但还很不够；了解和掌握罗盘制作技艺的老一代技师年事日高，新骨干力量的培养还没有跟上，可能会出现青黄不接的局面；用于制作罗盘的基本材料——虎骨木，由于山林遭到乱砍滥伐，现在已经日益稀少，面临可能“断供”的威胁；罗盘市场在快速发展中也存在着监管不力、真伪混杂等问题，若干人唯利是图，冒用吴鲁衡品牌，以次充好，损害消费者权益；等等。在对吴水森先生采访的过程中，笔者既领略了他兢兢业业、一丝不苟的职业素质，也深切体会到了他对当前万安罗盘发展中出现的种种问题的深切忧虑。

令人欣慰的是，随着全社会非物质文化遗产保护意识的增强，近年来，万安罗盘作为中国四大发明之一的指南针的代表作，已经被国家文化部正式认定为非物质文化遗产，成为保护和发展徽州传统文化的重要课题，得到各方面的重视，2009 年 4 月，吴鲁衡涵记老店整修工程正式启动，在休宁县政府的支持下，共投入资金数十万元进行修缮。按照“修旧如旧”的原则，门面焕然一新，恢复了古朴典雅的风貌。历经沧桑的百年老店吴鲁衡，正在 21 世纪的道路上阔步前进。

四、走向世界的绿茶鼻祖：万安松萝茶

（一）徽州名山——万安松萝山

松萝山，距万安街约三十里，今属万安镇福寺村光明组，自古就以风景秀丽著称。明代以后，随着松萝山茶叶的兴起，松萝之名不但誉满全国，更漂洋过海，为世界所熟知，成为中国茶文化的象征。

清代版画松萝山

从地势上看，松萝山属于黄山山脉向南延伸的支脉，地处万安镇与新塘乡交界，主峰在万安境内，属万安镇福寺村光明组。

松萝山与琅源山、天保山相连，气候温和，雨量充沛，常年云雾弥漫，山势险峻，峰峦耸秀，松萝交映，蜿蜒数里，风景秀丽，旧时曾将“松萝雪霁”列为“海阳八景”之一。每逢冬日，玉屑纷飞，奇峰披银装，松竹挂冰花，分外晶莹。若晴日，则红装素裹，更增妖娆。诗云：“风敲松润千条玉，日射萝峰几点青”，蔚为奇观。

松萝山的开发应该很早，北宋时期编纂的《元丰九域志》卷六歙州（当时尚无徽州之名）条下，记载歙州古迹为：“黟山、凤皇山、扬之水、玉鱼、松萝山、颜公山。”松萝山在北宋时已为古迹，则其开山辟径至迟也要在唐代了，可算是有千年以上历史的名山。南宋《新安志》称：“松萝山，在县东北十三里，高百十六仞，周十五里。山半石壁百余仞，松萝交映。”从这些记载看来，植被茂密，松树参天，萝藤萦绕，当是松萝山得名的由来。康熙《休宁县志》对松萝山作了更为详细的记叙：

松萝山，在县北十三里，高一百六十仞，周十五里，与天葆山联。山半石壁插天，峰峦攒簇，松萝交映，山蜿蜒数里，如列屏障于县治之北。左干腾跃，东下则入歙诸高峰，乃旋回而西，为邑巨镇。山北郭从东行，为入山径，崎岖幽绝，不纳轮蹄，石嶂夹流，人穿鸟道，历山隈，逾峻岭，复坦夷而冈阜，别一洞天。再入则危石戛泉，潺湲迸三，复数里，而层峦回合，郁葱吞吐。

宋元时期，随着松萝山逐渐为世人熟知，以风雅自赏的徽州文人学者登临其地者很多。北宋景德祥符年间，休宁诗人曹汝弼自号松萝山人；元代休宁人吴伯冈，其诗集定名为《松萝吟稿》。元末贡师泰为休宁人金焕所作的《松萝山房记》，是现存最早的关于松萝山的文学作品：

予寓香严东轩之明年，休宁金焕孟章始来居寺之西庑。孟章能五言诗，善学好问，每见予执诸生礼甚谨。间请曰：“焕家县西十五里棠溪之上，马鞍、五雷、梧桐诸峰环列拱会，而松萝之山尤为深秀。遇风行山下，苍翠荡摇，笙籁交作，悠悠然不知复有人间世也。自兵变以来，先庐数十楹悉毁于火，惟山房之在松萝者独存无恙。吾亲不忍舍墓远去，因是以蔽风雨焉。焕由江右来闽中且六七年矣，晨夕思欲归养，辄以道阻不可，仰青天之辽阔，见白云之往还，则松萝岩壑未尝不岿然崷然于心目之间也。比闻中原底平，荆吴款附，焕之归省有日矣，愿请一言以记山房之存，庶几可以摅焕抑郁之怀而慰吾亲之心也。”予闻生言，惕然为之感曰：

“予与生皆江东人，宣距歙为最近，而予之故宅在漪水上者，既皆莽为丘墟，坟墓之在姑山者又无他子弟为之守，当雨露霜霰之交，徒执爵拜跪北向长号而已。今生家幸有山房，以安其亲而保其坟墓，视予流离奔走无以栖其身而时其祀享者，其所得于天不已多乎?”山房之记诚不可以无作，遂书以遗之。

此记作于元末大乱时期，既描述了松萝山“苍翠荡摇，笙籁交作”的秀美景色，更抒发了作者在战乱中流离奔走的丧家之痛，感情真挚，寄托深远，可称情景并茂的佳作。

徽州学者中与松萝山缘分最深的，当数明代中期的一代文豪程敏政。程敏政（1445—1499），休宁陪郭人，字克勤，号篁墩，兵部尚书程信之子。程敏政自幼聪慧过人，十岁时，“巡抚罗绮以神童荐，英宗召试，悦之，诏读书翰林院，给禀馔”。宪宗成化三年（1466）中进士一甲第二名（榜眼），授左谕德，为太子（孝宗）直讲。首辅李贤器重其才，以女妻之。孝宗即位后，曾任礼部侍郎。程敏政有神童之誉，榜眼之身，首辅之婿，天子之师，其仕途本无可限量，然而《明史·程敏政传》称：“敏政名臣子，才高，负文学，常俯视侪偶，颇为人所疾。弘治元年冬，御史王嵩等以雨灾劾敏政，因勒致仕。”

程敏政返归休宁乡里后，喜爱松萝山的景色，称“休宁佳山水，县北松萝山，其胜处不减兰亭、武夷”。他曾多次入山游憩，留下大量的题咏，在其个人文集中可寻得古诗多首：

松萝山

双峡中分一径通，宝坊遥隔片云东。
四时山色涵空翠，万折泉声泻断虹。
清爱竹孙穿冻雪，静闻松子落香风。
登高两屐吾方健，携手无因得赞公。

约友人游松萝山

松萝山色望中青，云里炊烟鸟外亭。
胜日与君先订约，涧觞同泛水泠泠。

三月廿一日约人游松萝往返得诗八篇

一晴山与水争奇，莫道春残赏约迟。
正得落红飞絮后，松风萝月澹相宜。

弘治五年（1492），程敏政曾结庐居于松萝山，与友人唱和，留下过专门的诗集。其诗集现已无存，但序言在程敏政的《篁墩集》中尚能见到：

松萝山在吾休宁县北十五里，号幽胜，予十年前尝一游焉，每以为未惬。暨南还，值抱病，连岁不克往。弘治壬子春，锐作一行，而雨连月，亦不敢必也。暮春廿一日，忽霁，天气清和，人意甚适。乃以诗约县庠司训黄伦汝彝、乡进士张旭廷曙，而同游者五人：陈荣天爵、詹贵存中、胡昭静夫及族人正思用礼、天锡敬之，侍行者三人：弟敏亨及子埙、侄垲也。或马或舆，联翩出松萝门而东，折北过石羊干，崇冈复垄，麦香袭人，桐花盛开如雪，而红紫则不可得见矣。行七八里，松萝水一脉演迤南出，两山夹峙，盘回斗折，入益深，境益奇，每一折即古松盘踞，怪石错立，飞泉淙，水禽交，蔚有殊意，疑所谓兰亭、武夷者正复如此而已。行又七八里，抵山麓，古佛庵在焉。与客小憩，解衣登山。引瞩四望，联峰属巘，杳莫知其所穷，第闻樵斧声丁丁，与涧谷相应，而耕者、渔者隐显出没于烟云虚落间。相顾恍然，疑与世隔，乃据松下盘石而坐，呼童子掘笋作茶，供联句一章。还饮小阁，心怡神洽，如有所得而忘其登陟之劳。酒半，限韵各一章，兴发而别有所出者不禁。已而夕阳冉冉过山背，汪氏亭子适当路中，复邀饮数行。日益下，乃出山。途中有作，或和或否，亦各取适而已，惟汝彝游最勇、诗最工，予辈不及也。昔羊太傅镇襄阳，病不得谢，每至岘山，至于泣下，然有所如往，宾佐皆从，笳鼓载道，贵而好游者也；柳柳州在谪籍，搜抉岩薮，几无遗胜，其序所会者谓皆大半不遇之人，困而好游者也。予不佞挟册入官，所典者冷局，得早休自适，无羊公之显；且绌吏议，荷天子恩，不加窜殛，而游不出其乡，所与游多一时寓公、里族之贤者，子弟相从为乐孔嘉，无柳州之困，则斯游也，亦不可不自幸也。虽然，子朱子平生好佳山水，尝请纳官于朝，愿为白鹿洞主，领泉石，是岂直游而已哉？远眺望以玩心于高明，法仁知以适情于寿乐，皆自山水发之。则吾之游也，方自此始，观者无诮其荒于嬉，而不足与进于圣门也哉。游之明日，书倡和诗为一卷，序而藏之。

自程敏政之后，登临松萝山题咏者不可计数，佳作颇多：

松萝谷

［明］范准

寻幽兴未涯，窈窕入深谷。

长松生昼寒，香萝蔓春绿。

绵绵石上葛，冉冉岩下菊。
樵子时相逢，和歌自成曲。
吾将从杖屦，题诗满青竹。

松萝迟友人

［清］汪康谣

松萝山色好，秋日更分明。
万木如丹抹，群峰似削成。
泉流白石冷，月到碧梧清。
只此称佳丽，何妨把臂行。

松萝山在明清时期名声大振，成为徽州重要的区域象征之一，几与黄山、白岳相埒，尤其是休宁人，在诗文中称引松萝山的极多。清代乾隆年间大学士汪由敦，是休宁上溪口人，在为亲友所作的寿序中说：“松萝、白岳，云山万里，未尝不寤寐以之。”

明清时期，松萝山对外地来徽州的风流雅士同样有着强烈的吸引力，上元人顾璘号称正德年间四大家之一，在文集中也留下了专为松萝山而作的《萝峰记》：

汪子托迹于江湖之间，而自别其号曰萝峰主人。丘子曰：“吾闻诸尼父，山水异形，动静妙会。若子，得无仁知兼体者？”汪子曰：“否，吾奚敢能托，适已耳。”丘子曰：“子能言子之适乎？”曰：“鄙人之国去东北二十里许，有松萝山焉。吾考盘其北而南，其山惟山之半，石壁嵯峨；惟山之巘，松萝交错。孤峰亭立，列屏张幕，拂天关于空蒙，拒地维而盘礴。崟崟嵚嵚，郁郁盈盈，傲疏帘而抱秀，排衡闼而送青。登堂若拱，出门如宾，开一方之雄镇，贯四时而长春。方时之晴霁也，风交垂莜，春花落而香浮，月浸疏萝，寒光凝而翠滴。惟时阴暝，则老藤蜓蝘，惊虬起而动云雷，接叶帡幪，高螺拥而笼烟霭。顺时变态，旷心怡神，每忘言于独坐，时举酌而相亲。乐哉此峰，永矣订盟，故引之以为已号，非静与性宜如仁者所乐也。”丘子曰：“否，子慎所适哉。夫君子善用其情，则感象而得师；不善用其情，则玩物而丧志。同行异情，彼得此失，是故君子远取诸物，近取诸身，协于克一，乃成其名。盖因物则悟象，因象则悟性，在物非远，而在我非近也。故曰得象者忘言，役情者滞物，子日求之，行当自获，视彼仁者之乐于吾行乎奚悖？”汪子晃然曰：“由子之言，万物备我，岂惟萝峰哉，岂惟萝峰哉。”

不独世俗文人屡有佳作，僧道等世外之人，亦不乏诵之作。清代，由康熙皇帝亲自组织编纂的《佩斋咏物诗选》中，收有一首明代僧人德详送友人归还松萝山的诗作：

送僧还松萝山

乡井何曾念，溪山不肯忘。
百滩春水色，万壑古松香。
云影同归路，钟声出上方。
松萝寂深处，闲坐阅流光。

由于松萝山地势险僻，不断有僧人在此造寺建庵，潜心修行，故松萝山一度有“金佛山”之名。清代康熙年间，休宁举人邵亮工即以松萝山为金佛山，在游记中还记载了在山中躬耕修行的僧人。道光《休宁县志》中则有一篇金鼎铉所作的游记，文笔优美，叙事流畅，描绘松萝山风光如诗如画，令人有身临其境之感，虽原文较长，仍全引如下：

松萝山

予邑故多山，近而最尊则有松萝。距邑治北十三里，专为邑所发脉，层峦后扆，若树屏列障，实三十里而遥也。左干腾跃，东下则入歙诸高峰，乃旋回而西，为邑巨镇。山高逾三百仞，广逾二十里。山半禅庵，自唐迄宋，迭经兴废，而特盛于今，徙去故址，更高四五里许，出北郭从东行为入山径。路崎岖幽绝，不纳轮蹄，屐步肩舆，则石嶂夹流，人穿鸟道，断岩架石，穷磴凿山，碧涧沅高，白云渐下，尘嚣迥绝，唯鸟语溪声与樵歌相答响。既历山隈，逾峻岭，复坦夷，而冈阜别一洞天。再入而溯流寻源，则危石烟泉，潺湲戛玉。复数里而崇迴合，隐隐钟声出林樾间，望之郁郁葱葱，云烟吞吐，蜿蜒百折，有废址在山之阿，断碣欹台，半埋芳草，跏趺佛像，三阿罗汉像，十仿相传，元祐时物也。迁基之旁，有老梅一株，古干繁花，迥异凡植，莫知年所自来。折而东，则永乐间汉公浮屠。上三里许，跨涧岿然亭焉，颜以攀萝小憩。亭下数十武，洼深为池，宏深莫测，山间禾黍，悉以溉之。由亭而东不百武，复折而北，步平冈，度危桥，跻石磴数级，开拓奥区约二亩许。乔松拥翠，弱蔓垂缨，老桧新篁，高下交错，木禾朱丹掩映，为今禅庵。稍西为磴，登磴穿林，逶迤崇阜，则茅墙舍雾，朱栏排云。北面历阶，上有松萝古寺，颜自至元时。门列五楹，中奉弥勒尊者暨诸伽蓝。转入座后，则丹墀修广，接以露台，台下双松，亭亭秀色，青枝碧干，厥种来自滇南，历岁深已。台上为青莲宇，汪司马伯玉题者。凡七楹，中三楹为殿奉佛，东西相距三十余武，南北如之。殿外东西各有室，室各二楹，西以藏经，东以安禅。台下东西各有庑，庑各四楹，自禅室而东为香积厨、为庾、为舂。东北里许有鹿引泉，盖从鹿得泉，今剖竹接引入厨者。经堂而西，半为荒圃，西下数十武有故大士殿，凡三楹，深广二十余琥，居庵之右方而下，地脉弗善，日就圮已。金生友梗既修葺其故宇居、故庵遗像，更为大士卜地鼎新之。去故址而北，陟磴升高，凡里许，后扆前峰，屹然特拔，隆栋宏宇，卫以崇墉，殿深二十武，广三十武，墉高三仞，饬新故址遗像，奉而居之。邵都谏颜以非非相。殿前承以露台，台高几十级，深广如堂，环以栏，莹若瑶台。从大士殿西折而下，为金生友梗读书处。

先是，生读书是山，喜其幽寂，自癸卯秋引西涧之泉，坎以为池，依松荫之萝，结以成至，广隘随地，高下参差，结构半里许堂，奉三教，颜以函三草堂。左叠石为磴，折竹为栏，登磴有门，颜以一枝栖。从门而上，有读易斋，斋架小楼，颜以十二楼，两者为金生梦中题也。楼右为泠然阁，阁右陟磴而上，为步虚轩，轩左结茅为亭，颜曰寄萝山房。其地群峰环抱，当门独开，案函半壁，而远眺无际，虬松穿雾，修筱拂云。金生日闭阁开函，听泉倚树，则所居者胜也。从西涧拥萝而登，凡数里，为大士之扆山，复数里，陟山之巅，坦然平衍，徘徊四望，则北畸黄山，南宾白霁，西望古率，东孕乌聊，接壤诸邑咸在指顾中，矧予邑直户庭间耳。如山郭屯云，川流纾练，岩皋作表，村落棋布，数十百里间，可俯瞰而悉也。涧阴西下，有藏云古洞，二洞可容千人，洞口峭石插石，出去布雨，第壁立百仞，地险而僻，人迹罕游，此山境之大概也。即去邑匪遥，于人间世若悬隔，居其中，朝霞流丹，夕岚浮碧，谷云喷浪，松风吼涛，雪月阴晴，变幻万状。总之，耸嶒幽静，非若他山览胜乞灵，日为车马驰骛也。迩年山僧性中善制茶，盖取他方之产手制之，本非山之有，第媒售者冒焉，使山遂以茶显。乃今僧已去，而茶之名独存，非其质矣。

邑人第知松萝相去三十里，阅从来邑乘，止十里，即今邑治发脉者，俗呼为金佛山，是名邑乘所无，盖未有金佛庵，实为松萝山也。三十里山巅，有谕葬僧坟，宣庙时敕葬松萝者，土人岐远近分名之耳。先代名富源山，麓有寺，曰富寺。若山中禅庵，殿庑创自至元，而重缮于宣德。若经堂禅室，若东涧亭，若刹门，若庵垣版筑百三十堵，若寄萝诸精舍，悉创自金生友樵、丁生谷初。山故为庵恒业，元祐以后，垦山成田，凡四十亩，既而有鬻者，迭复迭侵，迄祝令君任事，仅得田一十五亩、山二十亩，园入岁十余石，山僧弗给也。金生更施腴田二十亩以给之。且附近而侵者，斧斤时入，乔木不保，松萝之谓何？金生为请于邑侯李公，树石禁之已。会僧性中归俗为父后，籍山中所有授徒某某，惧失守也，李邑侯属金生鼎铉为之记。生谓以无所不住为常住，侯业已书之籍，生奚容赘？第谓古者永无休止祭封内名山，谓能出物焉，能生云雨为思多焉。予邑故多山不产，乃邑治地脉特钟松萝，则吾民居而享受，出而效灵，靡匪松萝产也，岂直生云雨出物已哉。乃其寥落幽栖，仅一禅庵，跫然足音，已不多得，兹山之胜，岂易耳而目之耶？生奉侯命特记其梗概，以告夫产斯土也者。

按金鼎铉所称，他当年在山中并未见到金佛庵，故认为金佛山只是当地人的俗称而已。今天，松萝山与金佛山之名都还在用。1990 年出版的《休宁县志》上，将山的南麓标为金佛山，山的北麓标为松萝山。应该注意到，无论是邵亮工还是金鼎铉，在他们的游记中都认为唐宋以来就有僧人在松萝山修行，金鼎铉还认为，他在山中见到的废弃的寺院遗址是北宋元祐年间的，则松萝山与佛门弟子很早就结下了不解之缘。金德铉在游记中说："迩年山僧性中善制茶，盖取他方之产手制之，本非山之有，第媒售者冒焉，使山遂以茶显。"这里提及的松萝山僧制作的茶叶，就是中国著名的炒青绿茶——松萝茶。松萝茶在中国茶史中占有非常重要的地位，至今仍蜚声海内外，它的出现，是松萝山得天独厚的自然条件与先进的制茶技术相结合的产物。

（二）名僧大方，始创松萝茶

徽州地处亚热带季风性湿润气候区，四季分明，春秋短，冬夏长，热量丰富，雨水充沛，年平均降水量在 1395 ~1702 毫米间，湿度大，云雾多，日照时数偏低。境内山地主要为红壤，酸度高，肥力差，稻作条件不好，却适宜茶树的生长。因此，徽州自唐代以来就是茶叶的重要产区，唐代茶圣陆羽在《茶经》中所记茶叶产区即包括徽州（当时称歙州）。祁门县的茶叶产销在唐代就已经相当兴旺，唐末歙州司马张途撰《祁门县新修阊门溪记》称：

邑山多而田少，水清而地沃，山且植茗，高下无遗土，千里之内业于茶者七八矣。繇是给衣食、供赋役悉恃此。祁之茗色黄而香，贾客咸议，愈于诸方。每岁二三月，赍银缗缯素衣求市将货他郡者，摩肩接迹而至。

可见，唐代徽州茶叶的产销数量不小，茶业在徽州百姓生活中占有重要的地位。徽州茶叶在全国也颇受欢迎，晚唐人杨晔在所著《膳夫经手录》中称："歙州、婺州、祁门、婺源方茶，置制精好，不杂木叶，自梁、宋、幽、并间，人人皆尚之。"五代、宋元时期，徽州茶叶产量进一步增加，茶叶税成为封建政权重要的收入来源。宋代，官府还在徽州设立了专门的茶业垄断机构，官营官销。不过，从总体上看，明代中期以前，徽州茶叶以产量大著名，质量与江浙一带相比还有相当的差距，尚未形成自己的独特品牌。这种局面，在明代中期松萝茶出现以后，被彻底改变了。

松萝茶，就其渊源来说，是由江苏虎丘炒青茶发展而来的。中国传统的制茶工艺，在唐代以前，是以"蒸青法"为主的，即采下茶树的鲜叶后，装人甑内，上锅蒸之，利用蒸汽高温破坏鲜叶中的醛类化合物，以消除俗称的草腥味（或称青草味），然后用泉水洗之使冷，榨之，再烘干，或做成饼形、砖形烘干（前者称饼茶、团茶，后者称方茶、砖茶）。据说，唐代中期开始出现了"炒青法"，即在金属锅内高温炒制鲜叶，然后成形，冷却之。唐代大诗人刘禹锡（772—842）在七言长诗《西山兰若试茶歌》中，记载了他做苏州刺史时，曾看到过太湖洞庭西山的僧人，以鲜叶炒制成干茶，立即煎吃，茶的色香味均佳：

山僧后檐茶数丛，春来映竹抽新茸。
宛然为客振衣起，自傍芳丛摘鹰觜。
斯须炒成满室香，便酌砌下金沙水。
骤雨松声入鼎来，白云满碗花徘回。
悠扬喷鼻宿酲散，清峭彻骨烦襟开。
阳崖阴岭各殊气，未若竹下莓苔地。
炎帝虽尝未解煎，桐君有箓那知味。

新芽连拳半未舒，自摘至煎俄顷余。
木兰坠露香微似，瑶草临波色不如。
僧言灵味宜幽寂，采采翘英为嘉客。
不辞缄封寄郡斋，砖井铜炉损标格。
何况蒙山顾渚春，白泥赤印走风尘。
欲知花乳清泠味，须是眠云跂石人。

这首诗，是现存最早的关于炒青制茶的记录，但从传承来看，洞庭西山僧人此举更像是偶一为之，因为自此之后，直到明代的六百余年中，未曾再出现炒青流行的记录。相反，前举宋、元时期的中国茶叶，依然是以蒸青为主的。

真正使炒青法成为定型的制茶工艺，是明代中叶苏州虎丘寺僧炒制的虎丘白云茶（或称虎丘茶）。在松萝茶崛起以前，虎丘曾有海内第一名茶之誉。明代成化年间的《姑苏志》记载："虎丘寺西产茶"。寺僧用银锅炒制鲜叶，边炒边压扁，成片状，然后出锅扇风，使茶叶迅速冷却。炒青与蒸青相比，保有茶叶内更多的有效成分，味醇，且外形美观，体积不蓬松而便于运输、储存，因而风行于时。

然而，虎丘茶的风行给虎丘僧人带来的却是一场灾难。虎丘茶是出名了，官府豪强的需求也大大增加了，虎丘寺茶年产量不过数十斤，无法满足官府索要，县官便将虎丘寺僧人责打，枷号于街。虎丘僧人在当地不能立足，遂纷纷外出避难。隆庆年间（1567—1573），虎丘寺有一位法号大方的僧人，"居虎丘最久，得采造法。其后于徽之松萝结庵，采诸山茶，于庵焙制，远迩争市，价忽翔涌，人因称松萝"（冯时可《茶谱》）。大方和尚就是松萝茶的创始人。

大方是如何制作松萝茶的呢？湖广武陵人龙膺在万历年间曾任徽州府推官，他曾前往松萝山拜访过大方，仔细观察过大方的制茶法，在所著《蒙史》一书中有这样的记载：

松萝茶出休宁松萝山，僧大方所创造。其法：将茶摘去筋脉，银铫炒制。用铛摩擦光净，以干松枝为薪，炊热，候微炙手，将嫩茶一握置铛中，札札有声，急手炒匀，出之箕上。箕用细篾为之，薄摊箕内，用扇扇冷。略加揉按，再略炒，另入文火铛焙干，色如翡翠。

同时代的福建人谢肇淛也到过休宁，同样留下了松萝山的实地访察记录：

余尝过松萝，遇一制茶僧，询其法，曰："茶之香原不甚相远，唯焙者火候极难调耳。茶叶尖者太嫩，而蒂多老。至火候匀时，尖者已焦，而蒂尚未熟。二者杂之，茶安得佳？"松萝茶制者，每叶皆剪去其尖蒂，但留中段，故茶皆一色，而功力烦矣，宜其价之高也。

明末桐城人方以智在《物理小识》一书中对松萝茶制法记录得也很详细：

松萝去尖与柄与筋，畏其先焦也，炒薪宜枝，不用干叶，文火武催急翻，半熟为度，生则黑矣。旁扇祛热，乃免黄褐。掀出磁盘，尤须急扇，乃重揉之，再以文炒，或三乃干，带润覆之，则气餐誉，更一焙焉，待冷上霜。优劣定于始铛，清浊系乎末火，确矣。

明末闻龙《茶笺》对松萝法亦有相似的详细记载：

茶初摘时，须拣去枝梗老叶，唯取嫩叶，又须去尖与柄，恐其易焦，此松萝法也。炒时须一人从旁扇之，以祛热气，否则色香味俱灭。予所亲试，扇者色翠，不扇色黄，炒起出铛时，置大瓷盘中，仍须急扇，令热气稍退，以手重揉之，再散入铛，文火炒干入焙，盖揉则其津上浮，点时香味易出。

综合各家记述，将生叶去芽去梗，每叶皆剪去蒂，保留中段，炒时精准掌握火候，焙制出来的茶皆一色，品质优异。后来的绿茶，大多仿效这种方法进行焙制，流传至今。因此，松萝茶完全可以被称为我国炒青绿茶的鼻祖。

松萝茶

这里有一个问题需要澄清，大方在松萝山结庵禅居为众所公认，然而他究竟有没有在松萝山种茶则有不同的说法，一些文人记叙中甚至有松萝山不产茶的记载。如明徐𤊹在《茗谭》中说：“余尝至休宁，闻松萝山以松多而得名，无种茶者。”清代徐树之《识小录》更明确声称：“松萝茶实非松萝山所产。”

与这些传闻相反，有更多明确的记载肯定松萝茶出自松萝山。明代冯时可在《滇行记略》中有一段记载即称：

滇南城外石马井泉，无异惠泉，感通寺茶不下天池、伏龙，特此中人不善焙制耳。徽州松萝旧亦无闻，偶虎丘一僧往松萝庵，如虎丘法焙制，遂见嗜于天下。恨此泉不逢陆鸿渐，此茶不逢虎丘僧也。

龙膺在《蒙史》明确记载：“松萝茶出休宁县松萝山，僧大方所创造。予理新安时入松萝山亲见之。”晚明人文震亨在《长物志》中说：“松萝，十数亩外皆非真松萝茶，山中亦仅一二家炒法甚精，近有山僧手焙者更妙。真者在洞山之下、天池之上，新安人最重之。”清初人赵吉士所著《寄园寄所寄》更将真松萝与假松萝作了区分：“松萝茶擅名天下，实则唯山顶一片，香甘异他产，余皆北源茶，冒名松萝者也。”

将这两种截然相反的说法相对照，可以看出“松萝山不产松萝茶”的说法大多出自没有亲身到松萝山考察的文人笔下，即使是徐𤊹，虽然曾经到过休宁，但从“闻松萝山以松多而得名，无种茶者”这个记叙中，可以看出他并未亲身入山，只是听来的传闻而已。而“松萝山产松萝茶”之说，则有明确的亲身经历可供考证。不但如此，1984 年 5 月，万安村民在松萝山古庙遗址深约 0.8 米的土层中挖掘出一块大石碑，该碑宽 1 米、长 2 米、厚 0.25 米，重约 400 公斤，题为《松萝山碑记》，镌刻于明万历三十六年（1608），由休宁人兵科给事中邵庶撰文，碑文字体工整秀美，四边刻有回纹状花边，端庄素雅。碑文由于风化严重，残缺不全，可以辨认出有五百余字。残存的碑文中，记载了当时的松萝山“北窥黄山，南宾白岳”，“群山环抱，庙门独开”，还明确提到了“名僧大方，岁岁辛劳，精心培制”，完全肯定了大方

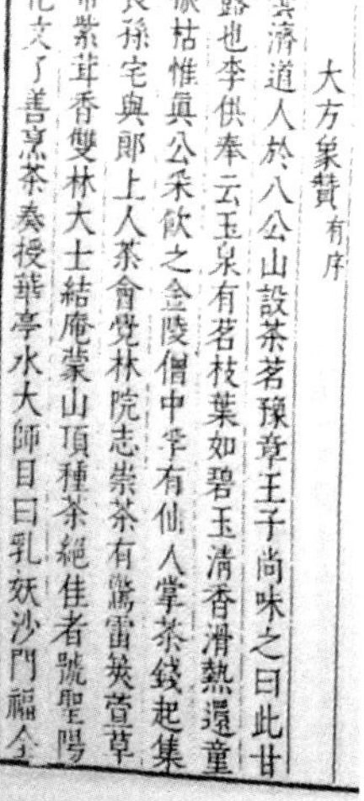
大方象贊有序
曇濟道人於八公山設茶茗豫章王子尚味之曰此甘
露也李供奉云玉泉有茗枝葉如碧玉清香滑熱還童
振枯惟眞公采飲之金陵僧中孚有仙人掌茶錢起集
長孫宅與郎上人茶會覺林院志崇茶有驚雷莢萱草
帶紫茸香雙林大士結庵蒙山頂種茶絕佳者號聖陽
花支了善烹茶奏授華亭水大師目曰乳妖沙門福全

李维桢《大方象赞》

创制松萝茶的功绩。碑文还记叙了当时“清明雨前，茗香飘逸，茶商云集，竞相争购”的盛况。这块出土文物，以强有力的第一手证据，证实了松萝茶确实产自松萝山。

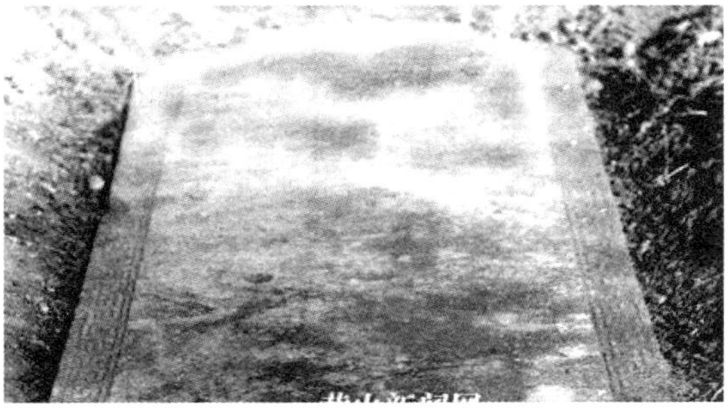

松萝山古碑

据晚明大文豪李维桢的《大方象赞》所记，大方经营松萝茶多年，获利丰厚，于是改服还俗了：“今新安松萝茶出自大方，名冠天下，而大方亦服隐士巾，服鬓发，美须翩翩仙举矣。”

清代大诗人施闰章亦曾在松萝山题诗纪念：

松萝山题僧舍

有二松来自滇南，又旧传松萝茶制自寺僧大方始。

石林细路草茸茸，古壁春阴云气重。
门外一峰如鹫岭，阶前双树是滇松。
山君昼出冲人过，毛女时因采药逢。
旧日种茶僧渐少，上方亭午不闻钟。

从地理条件看，松萝山主峰高 881.8 米，现存的茶园多分布在海拔 600～700 米的幽谷峰峦环抱的山坳之中，得天独厚的小气候环境和含银的乌砂土质为培植品质优良的名茶创造了特定的条件，因此松萝山宜于栽茶是丝毫不足为怪的。近年来，休宁人吴运翔在松萝山古庙遗址西侧，发现了围径 35 厘米至 37 厘米的百年以上松萝茶 8 株。在松萝山西边茶园处还找到一株根部围径 66 厘米的古茶树，定名为“松萝 1 号”。在这株古茶树主干上，萌发出 35 根枝条，平均高度 1.5 米，最高点为 1.7 米，青枝碧叶，长势喜人，枝条健壮，无虫蛀病害，显示了旺盛的生命力，据专家鉴定其树龄当在 200 年以上。这是松萝山目前发现的最古老的茶树，它的位置与前述文震亨所称松萝茶“真者在洞山之下、天池之上”，也完全吻合。

这个发现经媒体报道后，引起了轰动。

现代医学证实，茶叶中含有多种有益人体健康的营养成分和药效成分，而松萝茶尤为最，被誉为“绿色金子”，素有“药茶”之称。松萝茶中所含的有机化学成分，如多酚类、氨基酸、果胶、儿茶素等含量，明显高于一般绿茶，多者高达57.7%（见表3）。

表3　松萝茶与一般绿茶成分含量对比表　（单位：毫克）

茶样	儿茶素	氨基酸	水浸出物	水溶性灰分	多酚类	碳水化合物	果胶
松萝山茶	141.7	3.7	44.5	3.53	27.9	4.2	3
一般绿茶	118.1	2.35	40.2	3.05	25.4	3.6	2.7
相比（+，-%）	+20	+57.5	+10.7	+15.7	+9.8	-16.7	+11

科学研究表明，松萝茶为我国茶叶药效功用之首，具有调节人体生理功能以及诸多方面药效保健功能，即“三降、三抗、三增”：降血压、降血糖、降血脂；抗癌症、抗辐射、抗疲劳；增智、增美、增寿。此外，松萝茶还对通便、收疮口、羊角风、水胀气鼓、绣球疯、痢疾、眼疾等十多种疾病有疗效，许多名医也常以松萝茶配合其他药物，治疗高血压、肾脏病、冠心病、红白痢疾等疾病，且疗效明显。

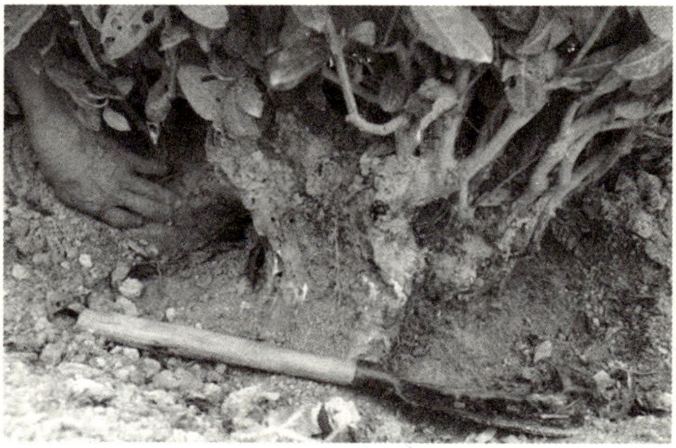

松萝山古茶树

在《秋灯丛话》一书中，记载着这样一则故事：

北人贾某，贸易江南，善食猪首，兼数人之量。有精于岐黄者见之，问其仆曰："每餐如是，有十余年矣。"医者曰："疾将作，凡医不能治也。"候其归，尾之北上，将为奇货，久之无恙。复细询前仆，曰："主人食后，必满饮松萝数瓯。"医者爽然曰："此毒唯松萝可解。"然后而返。

这则故事将松萝茶的药用效果写得非常传神。

明清时期的古医书中对松萝茶的医药作用记载得就更多了。《本经蓬源》云："徽州松萝，专于化食。"

钱宋和《兹惠小纶》云：

病后大便不通，用松萝茶三钱，米白糖半盅，先煎滚，入水碗半，用茶叶煎至一碗服之，即通，神效。

《梁氏集验》云：

治顽疮不收口，或触秽不收口，上好松萝茶一撮，先水漱口，将茶叶嚼烂，敷疮上一夜，次日揭下，再用好人参细末拦油胭脂，涂在疮上，二三日即愈。

清代康熙年间编纂的《古今图书集成》中记载有数个使用松萝茶的单方，其中一条云："痫症、羊头疯：上好松萝茶一斤，晋矾一斤为末，炼蜜丸，桐子大，每服四十丸，滚汤下。"

民国年间，赵公尚编著的《中药大辞典》记载："松萝茶，产地徽州，功用：消积、滞油腻，消火，下气，降痰。"

近年来，一些高血压、肾炎等患者试服松萝茶治疗，症状都有所减轻。

（三）万安松萝，冠绝天下

由于松萝茶在饮用和药用中的独特优势，一经面世，就迅速风行起来，十余年内便跻身海内顶级名茶之列。万历年间谢肇淛在《五杂俎》中记道："今茶品之上者，松萝也、虎丘也、罗齐也、龙井也、阳羡也、天池也。"略晚于谢肇淛的陈仁锡在纂辑的《潜确类书》中，留下了对当时名茶的一段评价：

今则吴中之虎丘、天池、伏龙，新安之松萝，阳羡之罗齐，杭州之龙井，武夷之云雾，皆足珍赏。而虎丘、松萝，真者尤异他产，至于采造，昔以蒸碾为工，今以炒制为工，而色之鲜白，味之隽永，古所不及。

沈德符在《万历野获编》中提到当时的北京人喜欢取京城中的事物做对子，其中一个便是“奇味薏米酒”对“绝顶松萝茶”。李维桢则以为：“茶产非一地，事非一朝，而新安松萝晚出，名冠天下。”清康熙初年成书的《江南通志》也有这样一条记载：“松萝山，在休宁县北十三里，俗名金佛山，蜿蜒数里，如列屏障于县治后。山巅片壤产茶，为天下最。”

松萝茶名冠天下后，深得明清两代的皇室喜爱。明末宦官吕毖所著《明宫史》，记载明代皇宫中饮食好尚称：“茶则六安、松萝、天池、绍兴岕茶、径山茶、虎邱茶也。”据同书所记，明代皇宫每年需松萝茶约二千驮，数量很大。《钦定大清会典则例》则规定：“盛京陵，每年祭祀应用果品二十一种，由寺办供制……松萝茶六十五斤。”看来，从建国开始，清代皇室不但饮用松萝茶，还把它作为祭祀祖先的供品，让列祖列宗在九泉之下也能品尝到此一佳茗。

松萝茶成为全国性的知名品牌后，对它的需求急剧增长。大方亲自制作的精茶，数量极少，即使加上周围农户的产量，也十分有限，完全无法满足市场的需求。在“茶商云集，竞相争购”的情况下，松萝茶制作成功不久，徽州各地就出现了大量仿照松萝法炒制的茶叶，都打松萝茶的招牌，尤其是与松萝山毗邻的歙县北源一带，迅速成为仿制松萝茶产量最大的地区。清代嘉庆年间歙县江村人江登云在《橙阳散记》中记载：

> 歙之巨商，业盐而外唯茶，北达燕京，南极广粤，获利颇丰，其茶统名松萝，而松萝实为休山，匪隶歙境，且地面不过十余里，岁产不多，难供商贩。今谓松萝，大概歙之北源茶也，其色味较松萝无所轩轾。

乾隆《歙县志》中也有一段类似的记载：

> 茶概曰松萝。而歙产本轶松萝上者，亦袭其名，不知佳妙自擅地灵，若所谓紫霞、太函、幕山、金竺，岁产原不多得；其余若蒋村、径岭、北湾、茆舍、大庙、潘村、大塘诸种，皆谓之北源。北源自北源，又何必定署松萝也，然而称名者久矣。

《歙县志》的作者对歙县北源茶“概曰松萝”，颇有不平之意，然而歙县茶会冠以休宁松萝之名，正是因为松萝的品牌为世人所熟知，为世人所认同，这恰恰是徽州茶商品牌意识的体现。

由于徽州六县自然条件大致相似，休宁以外各县纷纷采用松萝法制作绿茶，到清初，不独歙县，其他各县也都自称为松萝茶了。康熙《徽州府志》称：

近岁茶名，细者有雀舌、莲心、金芽，次者为芽下白、为走林、为罗公，又其次者为开园、为软枝、为大方，制名号多端，实皆松萝种也。

这段记载，已经把徽州所有的绿茶都一概称为松萝了，反映出当时松萝茶已完全不拘泥于松萝山原产，而成为整个徽州地域内茶叶的一种统称。徽州农村中几乎家家户户都有茶，每年春夏秋三季都要摘茶、炒茶，尤其是春季新茶上市，是农村中最忙的时候之一。清代休宁人程世绳有《焙茶曲》，专记茶农家中炒茶的情形：

采采言晚归，灯檠四壁光。
终宵人不寐，比屋焙茶忙。
佳制宜纤手，精工是大方。
若非文武火，那得气芬芳。
雷荚盈筐筥，更番焙未休。
明朝还采撷，又上北山头。
紫云垂绿脚，片片小龙团。
更欲芳馨好，薰炉助以兰。

松萝茶的盛行，不仅使徽州绿茶都采用松萝法，而且也使炒青制茶法由近及远，从徽州传至全国各地。前文提及的万历年间徽州府推官龙膺，他在获得大方的制茶技术后，返回家乡湖南武陵，与友人在家乡山中仿制松萝茶：

上有茶数株，翳丛薄中，高君手撷其芽数升，旋沃山庄铛，炊松茅活火，且炒且揉，得数合。……余命童子汲溪流烹之，洗盏细吸，色白而香，仿佛松萝等。

这大概是松萝茶传至徽州之外最早的记录。明末，吴应箕记述了家乡贵池县高田一带的茶业历史，该地植茶自万历末年始，数量不多，“茶之草以石量者不盈十焙，而成茶者肋不及百”，但质量上佳，“焙茶同徽法。”此处之“徽法”，即松萝法。

到了清代，松萝茶的生产范围更广了，光绪年间《重修安徽通志》云：“（宁国府）宣、泾、宁、太诸山皆产松萝。”《湖北通志·物产》中也有“黄州齐安郡土供松萝”的记载。再如广东《饶平县志·物产》也载：“茶，粤中旧无茶，所给皆闽产，稍有贾人入南部，则偕一二松萝至，然非大姓不敢购也。”

至于松萝法传至福建武夷山区，更是从明至清历经百余年方获成功。

明末，武夷茶仍因循守旧，采用的还是蒸青法，远远落后于松萝茶。周亮工尝试引进松萝法，但未能成功：

近有以松萝法制之者，既试之，色香亦具足。经旬月，则紫赤如故。盖制茶者，不过土著数僧耳。语三吴之法，转转相效，旧态毕露。此须如昔人论琵琶法，使数年不近，尽忘其故调。而后以三吴之法行之，或有当也。

直到顺治年间，殷应寅任崇安县令，他专门招募了徽州的黄山僧人来崇安以松萝法制茶，并开始采用徽州松萝茶的小锡罐包装法：“崇安殷令招黄山僧，以松萝法制建茶，真堪并驾，人甚珍之，时有武夷松萝之目。”

中国人有那么一种旧风俗，即大凡师傅教授徒弟，总要留一手，以防不测。而黄山高僧却无私献艺，全心全意、毫无保留地把当时誉满全国、“最为时尚”的松萝茶炒制工艺传授给武夷山曾经长时间“拙于焙”的土僧，使得武夷茶从此名扬全国，真可谓功德无量。

松萝茶风行后，风流自赏的文人学者往往参与其间，自出新意，总能够创制出一些别出心裁的新品种。张岱《陶庵梦忆》中记载了绍兴日铸茶采用松萝法改良，创制出兰雪茶的过程：

三峨叔知松萝焙法，取瑞草试之，香扑冽。余曰：“瑞草固佳，汉武帝食露盘，无补多欲；日铸茶薮，‘牛虽瘠偾于豚上’也。”遂募歙人入日铸。扚法、掐法、挪法、撒法、扇法、炒法、焙法、藏法，一如松萝。他泉沦之，香气不出，煮禊泉，投以小罐，则香太浓郁。杂入茉莉，再三较量，用敞口瓷瓯淡放之，候其冷；以旋滚汤冲泻之，色如竹箨方解，绿粉初匀；又如山窗初曙，透纸黎光。取清妃白，倾向素瓷，真如百茎素兰同雪涛并泻也。雪芽得其色矣，未得其气，余戏呼之“兰雪”。四五年后，“兰雪茶”一哄如市焉。越之好事者不食松萝，止食兰雪。

看来张岱颇有制茶天赋，以茉莉花入松萝茶，竟在松萝茶的基础上焙制出了一种新的花茶。

松萝之名日盛，它的原始内涵却渐渐为人所淡忘，逐利者争以松萝自居，外人复以讹传讹，于是出现了若干关于松萝茶的趣闻。嘉庆年间宋永岳有这样一段记载：

松萝茶，人皆知其为美矣。以予所闻徐友云先生事，知松萝自有真也。先生讳焕龙，以制艺名家。尝至徽州，慕婺源松萝茶，因迁道至山寺，询茶产处。僧引至山后，但见古松蟠屈石壁上，高且五六丈，不见所

松萝山采茶

谓茶也。僧指示曰："茶在松丫，系鸟衔茶子，堕松梗而生，如桑寄生然，名曰松萝，取笃与女萝施于松上意也。"复叩其摘采之法，僧以杖叩松根石碑而呼曰："老友何在?"即有二三巨猿跃至，饲以果，猿次第升木采撷下。

徐焕龙不明就里，为婺源僧人所诓，竟以为松萝茶出自婺源。亦足见松萝不仅成为徽州茶的统称，甚至成为绿茶的通常代表。清初歙县人张潮有一篇《松萝茶赋》，极论松萝茶之妙：

新安桑梓之国，松萝清妙之山，钟扶典之秀气。产佳茗于灵岩，素朵颐于内地，尤扑鼻于边关。方其嫩叶才抽，新芽初秀，恰当谷雨之前，正值清明之候。执懿筐而采采，朝露方稀；呈纤手而扳扳，晓星才溜。

于是携归小苑，偕我同人，芟除细梗，择取桑针。活火炮来，香满村村之市。箬笼装就，签题处处之名。若乃价别后先，源分南北。孰同雀舌之尖，谁比鹦翰之绿。第其高下，虽出于租侩之品评，辫厥精魔，即证于缙绅而允服。

既而缓提佳器，旋汲山泉，小铛慢煮，细火微煎。蟹眼声希，忧奏松涛之韵；竹炉候足，疑闻涧水之喧于焉。新茗急投，磁欧缓注，一人得神，二人得趣。风生两腋，鄙卢仝七碗之多；兴溢百篇，驾青莲一斗之酗。

其为色也，比黄而碧，较绿而娇。依稀乎玉笋之干，仿佛乎金柳之条。嫩草初抽，庶足方其逸韵；晴川新涨，差可拟其高标。其为香也，非麝非兰，非梅非菊，桂有其芬芳而逊其清，松有其幽逸而无其馥。微闻芗泽，宛持莲叶之杯；慢艳酚醞，似泛荷花之澳。其为味也，人间露液，天上云胶。冰雪净其精神，淡而不厌。沆瀣同其鲜洁，冽则有余。沁人心脾，魂梦为之爽朗。甘回齿颊，烦苛赖以消除。

则有贸迁之辈，市隐者流，罔惮驰驱之远，务期道里之周。望燕赵滇黔而跋涉，历秦楚齐晋而遨游。爰有赏鉴之家，茗战之主，取雪水而烹，傍竹炉而煮。品其臭味，堪同阳羡争衡；高其品题，羞与潜霍为伍。尔乃驾武夷、轶六安、奴湘潭、敌蒙山，纵搜肠而不滞，虽苦口而实甘。故夫口不能言，心唯自省。合色与香味而并臻其极，悦目与口鼻而尽摅其悃。润诗喉而消酒渴，我亦难忘；媚知己而乐嘉宾，谁能不饮？

（四）漂洋过海，走向世界

松萝茶能够泛化成为整个徽州绿茶的代表，除了徽州水土孕育的优良品质和大方创制的精良制作技术外，徽商茶叶贸易的发达是非常重要的因素。明清徽商兴盛时期，几乎什么生意都做，所谓“货无所不居”，但其中也有重点，即“徽郡商业，以盐典茶木为大宗”。茶业是徽商仅次于盐业的第二大行业。徽州府志和各县县志中记载了大量的茶商，其人数之多，居各行业之首。徽商足迹遍及宇内，也将松萝茶贩运到了全国各地，所谓“北达燕京，南极广粤”。到了明代末年，随着东西方航路的开通，松萝茶漂洋过海，行销至欧美，一度成为中国绿茶的代表。

据考证，中国茶叶进入欧洲的时间是1606年，这也是中国与欧洲茶叶贸易的开始。当时，与中国进行茶叶贸易的是荷兰，贸易形式是中国—巴达维亚（今印度尼西亚雅加达）—荷兰的间接贸易形式，主要依赖于中国和东南亚之间的帆船贸易。1683年，清政府解除海禁后，中国帆船到达东南亚的数量有明显增加，从1690—1718年间，平均每年有14艘中国帆船到到巴达维亚。当时，中国帆船主要是运载陶瓷、丝绸、茶叶等物品，到巴达维亚去交换胡椒、香料等土产，而出口茶叶的主要品种有武夷茶、松萝茶和珠茶等等。

1637年，英国商人驾驶帆船4艘，首次抵达广州珠江。英国东印度公司第一次运载中国茶叶112磅回国，此为英国直接从广州采购、贩运茶叶之始。1702年，英国茶叶需求激增，东印度公司在舟山贩运松萝茶、圆茶、武夷茶回国销售；1703年，又采购徽州绿茶7.5万磅，珠兰花茶1万磅以及武夷茶2万磅。从1773年3月到1782年9月，10年间东印度公司售出的茶叶，按花色分类，每年的平均数如下：武夷茶3075307磅（139.5万公斤），小种白毫92572磅（4.2万公斤），工夫茶523272磅（23.74万公斤），松萝茶1832474磅（83.12万公斤），圆茶218839磅（9.93万公斤），合计5742464磅（260.48万公斤）。1722年，英国东印度公司由广州运往英国茶叶4500担，其中炒青绿茶——松萝茶1500担，武夷茶2000担，占当年输往英国茶叶总额的55%以上，共值银119750两。当时，1500担松萝茶，值白银28500两。

松萝茶大量输出，带动了徽州茶业的大发展。位于万安以东十五里的屯溪镇，由于地处横江和率水的交汇处，成为徽州茶业贸易的中心。各县绿茶汇集于屯溪，进行精加工后，遂有屯溪绿茶——屯绿应运而生。屯绿的基本制法与松萝茶相比没有根本性的改变，随着市场需求的变化，在精制率不断提高的情况下，花色品种也不断推陈出新，越来越丰富。屯绿各品种花色茶叶，都是在反复的炒、筛分、风选、拣剔中产生，尤其是通过严格的筛选（圆筛、转筛、扣筛、抖筛）、扇、撼等工艺后，所提取的各花色茶叶，其长短、精细、轻重、形态、整齐匀称，甚至可以称为纯净。屯绿一般可分为珠茶、雨茶、熙春三类，共十多个花色、品级。

珠茶：以其结构浑圆、形似珍珠而得名，分别按茶的大小和身骨轻重分为5个品级。

雨茶：以其形长似雨点而名，分别按茶型大小和身骨轻重分为5个品级。

熙春：结构为不规则的块状，多由芽头和肥厚叶子叠合而成，分别按茶块大小和身骨轻重分4个品级。

道光年间，屯绿盛行二十四花色，即“十雨”“八珠”“六熙”。“十雨”是珍眉、凤眉、蛾眉、正雨、副雨、茅雨、眉针等；“八珠”为麻珠、宝珠、珍珠、圆珠、虾目等；“六熙”指贡熙、眉熙、正熙、副熙等。同治年间，屯绿的花色有“七珠”“八蕊”“三熙”。“七珠”是麻珠、宝珠、圆珠、虾目等；“八蕊”是蕊眉、珍眉、凤眉、针眉、香眉、雨前等；“三熙”是指贡熙、眉熙和熙春。

漂洋过海后的精制松萝茶贵如珍宝，欧洲上层社会聚会时都以饮用中国茶叶作为时尚和尊贵的象征。1745年1月11日，瑞典东印度公司的哥德堡号货船装载700吨货物（其中茶叶约370吨，瓷器约100吨）离开广州返程，9月12日，在抵达故乡哥德堡不到1公里的地方触礁沉没。1984年，瑞典方面将哥德堡号打捞上岸，惊奇地发现锡罐中所装的绿茶竟然还能饮用，而且就是松萝茶！1993年4月，上海茶文化专家卢祺义先生在

瑞典商哥德堡号船

《乾隆时期的出口古茶》一文中写道：

谁能想象，被海水与泥埋淹近250年的沉船又见天日。更惊奇的是，分装在船舱内的370吨茶叶，一直没被氧化。其中一部分还能饮用。笔者亲泡一小杯，轻啜几口，虽茶味淡寡，似有木屑香气，口味却是悠长的。

2006年，当瑞典人按传统工艺重造“哥德堡号”并再次驶入中国广州时，广州副市长王晓玲在哥德堡号访问广州新闻发布会上的讲话中指出：“当年，‘哥德堡号’商船承载的货物中有70%是茶叶，茶的贸易是中西方经济交流活动中的主角。据打捞‘哥德堡号’古船残骸时发现，仍有部分密封的茶罐中盛满中国茶，主要是武夷茶和松萝茶。打开茶罐茶香扑鼻，取出少许茶叶冲泡，甘醇依然。”

2008年4月15日，休宁县政府前往杭州中国茶叶博物馆，迎接哥德堡号松萝茶样品返回故乡。“百年松萝回娘家”，实为一时盛典。或许，当大方和尚在松萝山制茶之初，信奉禅理的他，也没有想到经他之手创制出的松萝茶，竟会结下如此特殊的机缘吧？

清代道光年间，开放五口通商之后，中国绿茶销往欧美一度达到极盛。近代中国出口茶叶量最高的年份是光绪十四年（1886），总量达到

哥德堡号沉船打捞出的松萝茶

13.4 万吨，约值白银 33503863 两，一度垄断了国际市场。而在中国茶叶对外贸易的鼎盛时期，徽州松萝茶、屯绿的贸易占有极其重要的地位。1875 年，英国皇家学会亚洲分会的专家对中国茶区进行了一次全面调查，专家的报告依照商务中的惯常分类，将茶叶分成红茶和绿茶两大部分，并着重对中国茶叶名目繁多的各类称呼进行了解读。值得注意的是，在 Green Teas 一部分的开篇中，作者解释道："Green Teas 在汉语中被称为绿茶和松萝茶，松萝是一座山的名字，据说那里是绿茶首次被发现的地方。"随后，作者详细开列了绿茶的各类品目，其中有一种，英文名为 Twankay，该名字来源于著名的徽州茶市——休宁屯溪。皇家学会的"中国通"们随之立刻提醒道："这类茶在汉语中往往又被叫做松萝，来源于我们在绿茶一节开篇提到过的松萝山……质量最好、名声最响的生产地成为此类茶叶的通用名。"漂洋过海的松萝茶一度成为世人心目中中国绿茶的代表，这个事实，足以证明它在中国茶文化发展史中的地位。

（五）再展雄风，争创辉煌

光绪中叶以后，中国茶叶在国际市场上的销售遇到了印度、斯里兰卡等强劲对手，市场占有率严重下降。欧洲对中国大宗茶叶的需求也从绿茶逐步转向了红茶，中国绿茶的出口量大幅下降。新中国成立之后，由于长时期遭受西方封锁，中国绿茶在国际市场上几乎销声匿迹。国内各地的绿茶也逐渐创出自己的名牌，松萝茶逐渐淡出了市场。到 20 世纪 70 年代，绿茶仍冠以松萝之名的只剩下了休宁的松萝山，历史绕了一个大弯，似乎回到了原点。

松萝茶重返京沪

今天，具有400多年历史的松萝茶终于获得了重展雄风的机遇。经过多年的精制改良之后，在传统松萝茶的基础上，黄山松萝有机茶公司在2000年制作出了“松萝嫩毫”。这一现代的松萝茶采用了非常精细的工艺，要经过以下7道主要工序：

1. 鲜叶采摘

茶树品种为当地的松萝种，采摘标准为一芽一叶或一芽二叶初展，采摘时严格做到“四采四不采”，即采完整叶不采对夹叶，采肥壮叶不采瘦弱叶，采正常叶不采病虫叶，采晴天叶不采雨水叶。

2. 鲜叶摊放

采回的鲜叶均匀摊放在竹匾或竹垫上，并将不符合标准的茶叶剔除。摊放厚度为3～4cm，时间为6～12小时，中途每隔2小时轻翻一次，待青气散失，叶质变软，鲜叶含水量达60%左右时便可炒制，要求当天的鲜叶当天制作完。

3. 杀青

在事先磨洗光滑的深底平锅内进行，锅温为140℃～160℃，投叶量为0.5公斤，要求翻得快，扬得高，撒得开，捞得净，必须杀透、杀匀，手握叶柔软而不粘手，闻之有清香为适度。杀青叶应及时散热，排除水汽。

4. 揉捻

以竹制揉床为揉具，采用手工揉捻。双手握茶团，交叉用力向前推揉，速度宜慢，压力掌握轻一重一轻，边揉边抖，及时散热，并保持茶叶完整，时间为3～5分钟。

5. 理条

在揉具上对揉捻好的茶叶进行适当的理条，使茶叶整齐匀直，然后放在烘笼上烘焙。

6. 烘干

分毛火和足火两步进行，温度掌握先高后低，初烘为90℃左右，烘至7～8成干后摊晾1小时左右；再用足火烘干，烘温60℃左右，一直烘至足干。

7. 整理包装

烘干的产品要剔除夹杂物，簸去老片，筛去茶末，分级装入铁桶，密封贮藏待销。

经过精制而成的松萝嫩毫茶，外形细紧完整稍卷曲，白毫显露，色泽翠绿，内质香气清香持久，有橄榄果清香，汤色黄绿，清澈明亮，叶底完整。松萝嫩毫茶在2001年中国国际茶博览交易会上获国际名茶优质奖。2008年4月18日，在上海豫园首届国际茶文化艺术节上，“极品休宁松萝”茶以19500元/50克的高价占据竞拍名茶榜首。2009年2月18日，在世界绿茶协会举办的世界绿茶大会评比活动中，松萝嫩毫荣获世界绿茶“最高金奖”，代表着国际上最具权威的茶叶专家对松萝绿茶品质的高度肯定。

如今，松萝公司已经发展成为产值超亿元的大型企业。在此谨借清代程嵩岩的《松萝试茗》祝愿松萝茶的二次创业能够功德圆满：

汲得名泉水，来烹松顶茶。
摘将云中叶，拣净雨前芽。
叠叠九秋子，蒙蒙三夏花。
旗枪与香色，七碗正当夸。

五、徽州文化重镇：万安还古书院

（一）特立独行的还古书院

出万安下街，有一片紧紧相连的秀丽山岳，今天一般称为古城岩，它不但是传说众多的风景名胜地，还是徽州非常重要的教育文化中心。明代万历年间，建于古城岩上的还古书院，是徽州仅次于紫阳书院的第二大书院，它长期崇奉陆王心学，在程朱理学盛行的徽州显得分外特立独行。

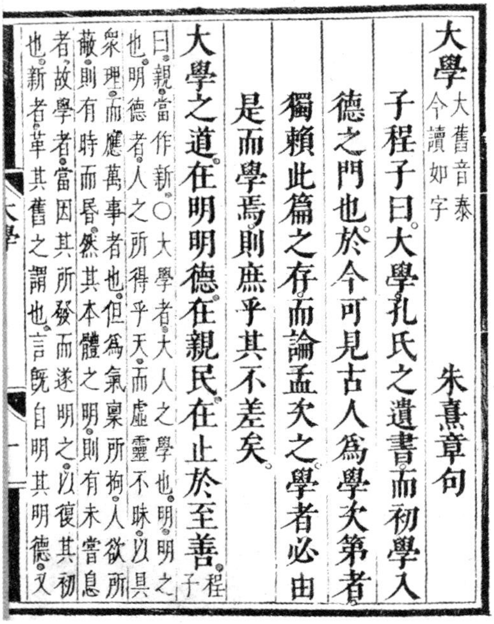
大學 大舊音泰今讀如字 朱熹章句
子程子曰大學孔氏之遺書而初學入
德之門也於今可見古人爲學次第者
獨賴此篇之存而論孟次之學者必由
是而學焉則庶乎其不差矣
大學之道在明明德在親民在止於至善 程子
曰親當作新○大學者大人之學也明明之
也明德者人之所得乎天而虛靈不昧以具
衆理而應萬事者也但爲氣稟所拘人欲所
蔽則有時而昏然其本體之明則有未嘗息
者故學者當因其所發而遂明之以復其初
也新者革其舊之謂也言既自明其明德又

朱熹代表作《四书集注》

众所周知，徽州是中国古代教育非常发达的地区。特别是宋代以后，有“十户之村，不废诵读”之说，可见读书风气之盛。明清时期，由于徽商的大量投入，徽州教育水平在全国首屈一指。当除官府设立的府学、县学之外，还有大量书院、义学、社学和私塾。书院则是中国古代特有的教育机构，它出现在唐代晚期，至宋代开始大行，明清达到极盛。书院一般由地方官吏或有影响的士绅出面提倡，募集民间资金建立，作为生员和士绅的读书际会之所。很多书院还着重选择俊秀之才，聘请名师加以教诲。按今日的眼光分析，书院是集正规教育与学术研究于一身的民间教育团体。徽州历史上先后有过一百多所书院，最著名的要算是南宋淳祐年间建立的歙县紫阳书院。

如此众多的徽州书院，其教育倾向却是基本相同的——服膺于程朱理学。由于徽州是朱熹（1130—1200）的故乡，他生前三次回徽州扫墓祭祖，在家乡广收门徒，形成了一个环绕在他周围的很有影响的学派——新安理学。后世学者推尊朱熹为“集诸儒之大成”，元、明、清三代统治者皆以朱熹的学说作为官方哲学，科举考试以朱熹的著作作为标准教材和参考答案，所有这一切都使朱熹获得了特殊的学术地位和社会影响，可谓孔孟以后儒家的第一人。徽州的新安理学传人更以朱熹学派的嫡系自居，固守朱熹宗旨，全力排斥异说。徽州理学盛行的情形，赵汸在《商山学田记》作了生动的描述：

> 新安自南迁后，人物之多、文学之盛，称于天下。当其时，自井邑田野以至于远山深谷，民居之处，莫不有学、有师、有书史之藏。其学所本，则一以郡先师子朱子为归，凡六经传注、诸子百氏之书，非经朱子论定者，父兄不以为教，子弟不以为学也。是以朱子之学虽行天下，而讲之熟、说之详、守之固，则惟新安之士为然，故四方谓“东南邹鲁”。

与朱熹同时代的陆九渊（1139—1193），是另一位很有影响的儒学大师，他的学说强调“尊德性”，不必强求多读书，只要“发明本心”，亦能通晓事理。由于朱熹主张“道问学”，强调博览群书，“格物致知”，方能穷尽事物之理，因此与陆九渊在学术倾向上有明显的不同。南宋淳熙二年（1175）六月，在吕祖谦等人的协调下，朱熹和陆九渊在铅山县鹅湖寺进行了一场大辩论，这就是中国学术史上著名的“鹅湖之会”，参加者包括双方的朋友、弟子和当地官员，达百余人之多。双方激辩三天，未能取得一致，分歧反而更加深刻化了。由于朱熹的学说从宋代晚期开始，受到国家的提倡，因此在学术界中，朱学一直处于统治地位，而陆学的影响则较为有限，赵汸所描述的徽州学者独尊朱学的情形就是其中的典型。这种情况直到明代中晚期才发生较大变化。

理学大师朱熹

明代中期，陆学的信奉者出了一位大人物——王守仁（1472—1528），他在陆九渊学说的基础上加以发扬光大，提倡“心外无理”“知行合一”“致良知”。王守仁的这套学说体系被后人称为心学。由于王守仁在平定宁王朱宸濠叛乱中立下大功，因而拥有极高的社会声望，门下弟子亦多俊杰之士，将他的学说广为传播。由于朱熹理学行世已久，学者病其拘束，陆王心学因而大受欢迎，一时成为显学，甚至有压倒朱熹理学之势。徽州是朱熹的故乡，理学信仰根深蒂固，因而成为王学最想攻克的堡垒。万历十七年（1589），祝世禄出任休宁县令，他是一位忠实的心学信徒，任内很有政绩，颇得人心，终于创建了以弘扬心学为宗旨的还古书院。

王守仁像

祝世禄在还古书院选址时曾先后考虑过齐云山和凤凰山，但认为都不理想，最终选择了古城岩。祝世禄本人捐献俸禄两千两，加上从民间募集所得，费时两年多，还古书院在万历二十二年（1594）完工。

建成后的还古书院气派非凡。它坐落在古城岩中间，面对波光盈盈的横江，背靠如黛的青山，绿树葱葱，环境十分优美。整个书院依山叠石而建，前后共有五层，前为大门，入大门为归仁堂，厅堂宽敞，堂上供奉孔子牌位。归仁堂后为德邻祠，供奉休宁县历代杰出的儒家学者，其后是干城祠，供奉为建祠有功、修祠出力的当地士绅。干城祠后有楼拔地而起，称为中台阁。整个建筑层层拔高，显现出一种无比的气势。无论前厅、中堂、后院还是两厢，房屋都很考究，既开阔又高大。书院为一长长的粉墙所环绕，极显幽静与淡雅。

根据清代乾隆年间成书的《还古书院志》记载，书院中各处遍布牌匾楹联。书院大门上的“还古书院”匾额为祝世禄所题，两侧的对联为：

世道今还古，人心欲归仁。

归仁堂匾额为“道寇古今”，系清代大学士能赐履所题。大堂上楹联众多：

道之将行也，文不在兹乎。

山郭翠成围，吞吐日月；松风净于洗，拂拭图书。

乾始坤承，通彻古今，上下总是鸢飞鱼跃；静虚动直，浑忘物我，内外无非月满朝平。

十六字心传绵绵延延，尚赖此间提醒；五百年名世磊磊落落，须从此地铸成。

座中谭论人，可圣可贤，必须好古发愤；日用寻常事，即性即天，务要切己精思。

乐群会友，当从名教关头讲求实际；继往开来，莫把斯文正脉视属等闲。

德邻祠楹联：

斗高天不夜，风满地皆春。

当年皆浑金璞玉，此地有威凤祥麟。

立德立功立言，事事流芳不朽；在上在左在右，人人仰止无疆。

中台阁楹联：

可闻天际语，宛在岱中行。

平窥海岳千家郭，高拥云霞万岁山。

这些楹联工整雅致，将儒家的伦理思想与周遭的溪山景色融为一体，令人心旷神怡。

还古书院志

关于还古书院的创建过程，祝世禄在创建碑记中交代得很清楚：

海阳方五百里，而羡古壮县也，开治当郡国之中，为堑于畿辅。嘉靖中，文简湛公自南海至，文庄邹公自西江至，恭简耿公自南楚至，绪山钱公、龙溪王公自东浙至，六邑之士多从之游，文献肇兴，不啻阙里之旧，盖斌斌盛矣。上即位初，柄政者毁海内书院，讲学之会寝废。岁己丑，不佞奉檄而入新都，二三父老谈道术者始稍稍集。明年，为会于郡，都人士叶议而创书院。始卜白岳，则病祷祀，继卜凤湖，则病喧隘，三卜而主古岩。古岩距邑十里而近，神皋在焉，语清旷则远市嚣，语井烟则谢幽僻。山之脉蜿蜒驯伏而来，回环中辟，象山拱而左，浮屠峻峙，狮山抱而右，文昌阁焉。齐云诸山，远近环列，汶溪之水委曲而周岩麓，石梁亘其下流，台榭丛祠，掩映上下，岿然一胜区也。书院负震抱兑为觐天，前为大门，入门左右级而升为应门，入应门为堂三楹，颜曰归仁堂。堂后左右级升，为室五楹，颜曰德邻祠，宋丞相程公大昌而下凡十有一人，皆理学名贤，海阳产也。室之后冠山为亭，其列八楹，其高九仞，凌霄款云，庶几揽结千里之胜，庖湢有所栖息。有楼十方，人士至，解装税车，毋庸舍馆，为规宏壮，为工坚密，为费可二千缗。不佞捐俸金倡，邑之好义者赴工捐资，不戒而集，经始于壬辰孟春，落成于甲午十月。不佞幸然竣事，始驾朝车，遂为大书曰还古书院云。

诸父老拊身而请："兹山绵亘，十里周迴，绝壁如城。昔在隋唐，越国从义军起，保障乡郡，称斯武矣。斯文未丧，有宋五大儒，新都鼎立，遵河而南，得程氏两夫子，遵海而南，得朱氏文公，邑屋迭产，邹鲁东南。乃今就古城而新黉舍，文武竞爽，斯还古之义乎？"不佞唯唯。诸弟子敛袂起："兹山以万岁名，莫知其所始，夫语古者，莫如万岁。往者天造之初，高皇帝取间道下新都，驻跸兹山，臣民嵩呼，岩谷响应，图谶符焉。要以三十年而世计之，万岁古矣，斯又一义也。"不佞唯唯。诸大夫猎缨而起："三代之道若循环然，王迹既熄，叔季乘之，迄于末流，侍不波靡，要以闲先圣而正人心，唯还古为汲汲，揆之于义，是之取尔。"不佞唯唯。

嗟乎，诸父老、子弟、大夫之言，是均有之，恶可以一端尽。夫时今古也，故三五递降，王泽虽微，不能化末造魑魅，尧舜传心，至今尚在不能断，唐虞为蘧，庐精注神，流宇通宙，合其斯为昭旷之观，毋须臾离之道乎？故即古即今，还之甚易，即今即古，尚安事还？还古不有，吾其还之人心，人心不有，吾其还之太虚。海阳守程朱之遗习，先正之教，高皇首善之化在焉。中道而产，能者是从，万古一瞬，庶几旦暮遇之，何古今人不相及哉？书院成五年，都谏邵公碑之矣，而不佞故未有识也。不佞久直南省，六邑讲业之会，周而复始，群聚还古，乐焉。诸生赴试京师，递以为请，不佞与有一日之役，毋庸靳相长之言。诸父老、诸子弟、诸士大夫矍然无弃，不佞而朝夕修之，准今衡古，人皆从事而得大还，不佞幸哉，居然一万古矣。乃勒之石为告同志。

在这篇碑记中，祝世禄首先叙述了明代王学传入徽州的过程，其中提到的文简湛公、文庄邹公、恭简耿公、绪山钱公、龙溪王公，即湛若水、邹守益、耿定向、钱德洪、王畿，全是王学的重要代表人物。但在书院的宗旨问题上，祝世禄还是有意识地做了掩饰，因为他很清楚徽州理学势力强大，"海阳守程朱之习"，所以在碑记中没有公开亮出陆王心学的旗帜。然而在书院中主讲人选上，祝世禄则选择了王学信徒婺源人余一龙作为首任主讲人。按书院规章，每年二、五、八、十一月举行会讲，当时徽州六县还有全府规模的会讲，由各县轮流举办。万历二十五年（1597）十月，徽州六县学者大会于还古书院，祝世禄主持，余一龙主讲，据记载，“其时环听千人，辨难不生，满堂若琴瑟之专一，佥谓心学复明，一扫支离也”。所谓的“支离”之弊，是陆王心学攻击朱熹的常用手法，而“心学复明”则是陆王心学在徽州开始盛行的标志。

还古书院形势图

据《还古书院志》记载，万历、崇祯年间，还古书院曾先后七次举行过徽州六县大会讲，每次到会者都有千人左右。如此大规模的学术集会，即使在今天也不是一件容易的事，何况是在交通与信息条件远为落后的古代，足以想见出当年的盛况。主讲人包括余一龙、焦竑、徐鲁园、金凤仪、万尚烈、汪有源等，全是王学弟子，所谓“当明季之末，还古主会所请者无非姚江高弟，所讲者无非阳明秘旨”。可以说，明末王学在徽州的势力达到了顶峰。

还古书院中王学的气焰如此兴盛，不能不令人侧目。万历四十三年（1615）六县会讲时，歙县人吴崇文是朱熹理学的信徒，“见主会力诋朱注，不得不指点厉阶，辨析异同”，但无法改变整个会讲氛围。天启元年（1621），还古书院准备聘请当时的著名学者、东林书院主持人高攀龙前来主讲，高攀龙的学术倾向偏重于朱熹理学，他见还古书书院王学势力如此之大，竟不愿亲身前来，只寄来“教言”十五条，委婉地表示了不同意见而已。

还古书院全图

（二）一代英雄金声

明末天启年间，还古书院遭遇过一场劫难。当时宦官魏忠贤当政，遭到以东林党为首的清流士大夫的激烈反对，魏忠贤疯狂迫害东林党，迁怒于书院，遂下诏毁弃天下书院。据《还古书院志》记载：

天启丙寅，魏珰专毁天下书院佐大工，祸延还古。拟价六百三十两，征亟下，时则以挪仓库银以应大索。还古业主资产市廛佥没，院余四壁，司院事者先后皆殁，唯乘之汪先生齿老，不胜吏胥之呼，惊悸成疾，寻卒。

两年之后，崇祯皇帝登基，魏忠贤垮台，下诏恢复天下书院。惨遭浩劫后的还古书院，“院宇前庑崩摧，堂寝鞠草，议补议葺，所费不赀。”休宁各界士绅慷慨捐资，历经两年，终于修复。

明代最后十余年，对内的农民战争与对外的抗清战争持续不断，明王朝又先后加派了“辽饷”“练饷”“剿饷”，人民负担大大加重，经济极度凋敝，徽商残破不堪，徽州经济也一落千丈。在这样的凄风苦雨中，还古书院能够支撑下去，全赖一代英雄金声全力维持大局。

金声（1598—1645），字正希，号赤壁，又字子骏，休宁瓯山人，家距万安十余里。幼年时他随父在湖北嘉鱼读书，崇祯元年（1628）中进士，官翰林院庶吉士。次年十一月，清军入侵，围攻北京，金声建议崇祯帝超格用人以破敌兵，未果，于是辞官归故里。金声未中进士前就已颇有才名，《明史》称他：“好学，工举子业，名倾一时。”又曾为京官，因此他回乡后即成为能够左右乡里的著名士绅，还古书院此后的十五年中，均由金声主讲。

金声在主持还古书院期间，强调调和朱陆之争，他曾为书院会讲专门做过一篇《会序》：

学者学为人也，人与人相与研究所以为人之道也。人实灵贵于天地万物之间，而人或不自知。不其知灵贵于天地万物之间，则必以为为人焉而不见有大乐，吾即不乐为人而不见有大苦，如是则不学，不学则亦不讲矣。如真知其灵贵也者，其所受于初之命不可以寻常比，如将相之任边疆托国命也者，幸则有非常之宠，不幸亦有非常之患，是故为人不为人其在今日之一念也，无几而其后也。至于生不足以尽其所欲，死不足以尽其所忌，盖若斯之甚也。言念及此，安得不学，学安得不讲，讲学之功岂特如饥之求食、寒之求衣、囹圄之求出焉而已者乎？声生不敏，荷天之牖，父兄师友之启迪，少而闻学，长而见学，已渐而知求所以学。自念生天地间，荷上天笃生，受君父隆恩罔极而未能酬报万分之一，偶佚我以病思推，唯笃志于学，随分自效，无忝此生，亦以少尽吾区区之性于今日，而异时始获以此身幸还造化。独自憾孤陋，苦无友朋之助，而适逢吾邑旧侯所创还古书院复于湮颓之后，旧时耆儒先辈以重举讲会相招，声获以三日从事于兹。三日毕，而诸同志始皆津津有余味也者，以会费之不给，恐后之难继也，则相与谋所以永此会。天之生是人也，其性莫不欲求乐以免苦，虽小者必求其免焉，而况其甚焉者乎？吾知其必然也而或作焉，或止焉，则无几何矣，又甚者忘之矣。相与谋所以永是会也者，是固声之大愿也，其敢不从诸君之后。

这篇《会序》无一字提及朱陆之争，唯以劝人讲学为宗旨。他曾劝与会者云：“今日诸所争皆为君子，”“诸公哄然急诊，种种不同皆是千红万紫。”这种包容调和的态度，较之争执门户之见者，要大度得多。

赵吉士幼年时随父多次见过金声，据《寄园寄所寄》记载，金声在游古城岩时，“遇绝壁下临无底，辄伫目俯视，足三分出外，旁观者股战。公曰：‘吾练心耳！’”古城岩上从此多出一景：“炼心石”。

金声在乡期间，正值天下战乱频仍，地方上到处有小股土匪横行。于是金声联合民众，训练丁壮，组织乡勇，“募子弟千五百人，扼诸岭隘，休人赖以无恐，其器械衣装视他队鲜明，故金翰林乡兵之名，藉甚道路”。崇祯十六年（1643）年初，凤阳总督马士英在贵州招募的一支黔兵八百余人，由贵州经湖南、江西赴安徽。这伙黔兵军纪极端败坏，所过之处奸淫掳掠，兵匪难分。三月进入祁门后，祁门县令赵文光命其于城外祠堂安歇，黔兵“强居民房，民已愤怒。停二宿，渐肆掳掠。二十八日，到塔儿头，杀伤居民杨冬等数十人”，终于激发民变。金声闻讯后，在无法断定是兵还是贼的情况下，决定“与贼入而后有悔，毋宁御之而无后悔”，率乡勇在祁门堵截，将黔兵悉数歼灭。事发之后，震动朝野，所谓“既怪且惨，遂为江南一奇变”。崇祯皇帝接到马士英奏报后极为震怒，下旨严办。金声一度面临重惩，后因得到南京兵部尚书史可法和徽州籍官员士绅的全力支持，真相逐渐大白，方得幸免。当年十一月，北方军事形势急转直下，崇祯帝下诏起用金声，然未及到京，李自成就已攻陷北京了。

顺治二年（1645），清军大举南下，攻陷南京，金声率领家乡学生和民众发动反清起义，在古城岩建立幕府，宁国邱祖德、歙县温璜、贵池吴应箕等均起兵响应，分兵扼守绩溪、黄山等六岭，江南为之震动。六月，唐王朱聿键在福州称帝，金声遣使通表，唐王授金声为右都御史兼兵部右侍郎，总督皖南诸军。金声以“杀虏者昌、降虏者亡”为号召，率军北进，连克旌德、宁国、泾县、宣城等地，军威大盛。八月，清军分三路围攻徽州，金声依凭绩溪丛山关天险固守，清军久攻不下。十月，已降清的原休宁御史黄澍诈称归顺，带领清军抄小路攻破丛山关，徽州失守，金声力战不屈，为敌所俘。

清军押解金声往南京，沿途百姓相送。途经芜湖，徽州同乡迎送于路旁，有人说：“先生回来时我们一定再来路旁恭候。”金声笑着回答：“再回来我就一文不值了。”到南京后，洪承畴以同年进士身份劝他归降，遭其痛斥。十二月五日，金声在南京雨花台慷慨就义，临刑前，他遥拜明孝陵后端坐饮刃，时年四十八岁。

金声出身贫寒，苦学成才，时人对其评价极高：

> 生平著论，皆原本性情。为制艺，每兀坐蒲团至终日，起一挥就，神情孤注，笔力亦坚锐无前。故弃魄取神，弃骨取髓，纵横穿穴，而又不轶于有司之法度。艾东乡亟称之，以为可与震川并驾海内，家珍户诵。

金声道德文章皆为世人推重，起兵抗清，以身殉国，壮烈成仁，诚可谓一代英雄。

（三）从王学向朱学的转变

金声遇难后，还古书院一度无人主持，遭到严重损坏，“上漏下湿，梁木交陨，群小乘衅，书院又几壁立”。在这个危急关头，旧市赵氏、茗州吴氏、板桥杨氏和西门汪氏等几大家族出面，勉强维持了书院的运转。此后书院多次遭到风雨雷电的侵害，多次集资重修。这些修葺，一般由地方官吏与休闲在家的官绅出面，由官绅与徽商出资完成修缮。例如乾隆元年（1736）二月，风雷摧毁德邻祠，由县令陈鬲鉴出面募捐完成修复，在道光《休宁县志》中还保存了他所做的《重修还古书院记》：

海阳理学之盛，自子朱子统继尼山，师友相承，延绵如缕。邑东十里有古城山，清流激湍，襟带左右，林壑幽寂，岩石耸秀。山之麓有敬业乐群之地，堂宇巍焕，户牖森严，颜之曰：“还古书院”。盖以人心世道必期与古比隆云。爰考厥实，创自邑侯石林祝先生，肇于万历壬辰，嗣后此邦人士承先生之遗爱，每岁春秋遐迩，咸集释菜孔子朱子暨阖邑前贤，习礼歌诗，问难质疑者三日，迄今百余载，久而弥光。乾隆元年春仲十有三日，风电雷雨，摧倒德邻祠，致神灵无报凭栖。今司事王子宾若、赵子淇滨、鲍子旬侯、黄子乾一、吴子不倚、胡子定侯、陈子中涵、汪子昌有、施子希履等，协力同心，醵金葺理，经始于戊午孟夏，不数阅月而落成，院宇墙垣，焕然聿新。因请余一言以志其事，余唯当今圣天子崇儒重道，一遵朱子传注以课士，圣论谆谆，训迪天下，一道同风，尽归于正，岂非古道昌明之会。况白岳黄之海间，为朱子桑梓之地，其可不以讲学明道为急务乎？余司铎兹土，日与诸生讲明正学，今古院之坛席复振，将集新安人文，发明古昔圣贤之精蕴，以鸣国家休明之盛，俾人人知仁义礼智，皆本于吾性，所以同有以志乎古者，行之于今，不坠子朱子之余韵流风，使人心世道比隆于古，宁非余之所深望也欤，是为记。

陈鬲鉴在文中热情赞颂了朱熹理学，而没有只言片语提到陆王心学，这反映出的是清代学术界的新风气。清代初年，学术潮流发生了重大变化，知识分子鉴于明末王学士大夫空谈心性，流于破碎虚空而无补于实际，纷纷抛弃陆王心学，朱熹理学重新获得士人的尊重。康熙皇帝本人就是一位忠诚的理学信徒，他出面组织臣下编辑了大量程朱理学著述。康熙五十一年（1712），康熙皇帝亲自下令，提升朱熹在孔庙的地位，从原来位于两庑的先儒行列，提升到与孔子的学生子贡、子路等人相并肩的十哲行列。在学界转向、政府提倡的双重作用之下，全国范围内重新出现了一股高唱朱熹理学的大潮。徽州作为朱熹的故乡，自然有过之而无不及，还古书院这样的王学堡垒也就岌岌可危了。

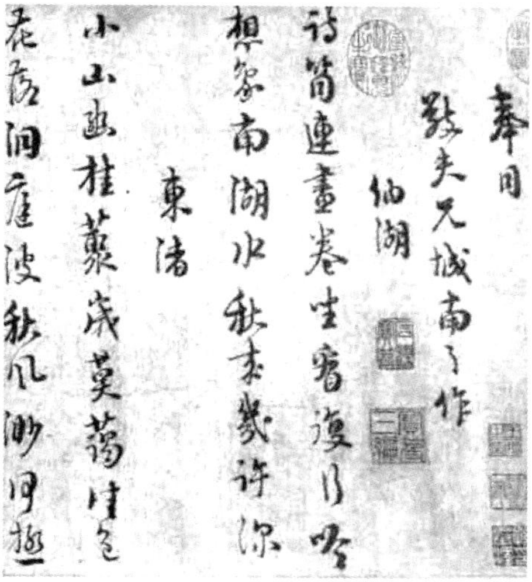

朱熹手迹

早在顺治年间，王学在徽州就面临无人传承的窘境了，“心学之朋先后凋零”。康熙年间，休宁施璜、歙县吴曰慎长期主持还古书院，他们都是忠实的理学信徒，将还古书院变成了彻底的朱熹理学讲坛。康熙三十一年（1692），施璜、吴曰慎在休宁籍户科给事中汪晋徵等人的支持下，决定在归仁堂上供奉朱熹神位，以配祭孔子。汪晋徵的《祀朱文公议》突出反映了当时学界专尊朱子的风气：

书院祀先贤，所以正道脉而定所宗也，今天下所共读者何书？朱子书也。朱子所阐明者何书？孔圣书也。故欲明孔圣之道者必尊朱，而后邪说不得作；欲行孔圣之道者必尊朱，而后进德修业始有序，此天下古今之学人所当遵守而勿失。凡讲学之区，皆当祀朱子以定道脉之大宗也，况我新安为朱子桑梓之邦，紫阳为朱子不忘之地，尤当祀而不可缓乎？前代盛进，六邑各有讲坛，迄今蓁芜已久，唯郡中紫阳与吾休宁还古两书院会讲不辍。顾紫阳会讲，必释菜朱子，而还古释菜则缺焉。岂以为朱子专祠，而还古无祠遂缺之耶？

或曰：“还古既奉孔子矣，尊孔即尊朱也。”予曰：“不然，天下无有尊朱而不尊孔者，容有尊孔而不尊朱者矣。今之学者必尊朱而后见其真尊孔也。孔子集列圣之大成，朱子集诸儒之大成，还古既奉孔子，则当奉朱子以配之。孔子为万世不祧之祖，朱子为成世不迁之大宗，其于尊师明道之典，岂不更隆重矣。”或有谓：“还古有先哲专祠，祀宋元明诸儒，自程文简以下十一人，皆休产也，如陈定宇、倪道川、朱枫林、汪仁峰诸先生，皆私淑朱子者，此亦尊朱之意也。”予曰：“本邑私淑朱子之先哲既皆得祀，而本郡所生集大成之朱子反不得祀，可乎哉？况吾辈同生朱子之乡，讲朱子之学，而祀朱子于书院，于心安否？此前人未行之缺典，后学所当地而无疑。”

第思当年之所以未祀者其故可长太息耳。万历间，天下学者皆宗阳明，诋朱子，邪说盛行，学脉大乱，即倡建还古书院石林祝公亦惑于姚江之说，而满堂辩论本体工夫，无非阳儒阴释之旨，夫谁肯祀朱子以定其宗乎？今幸正学昌明，功令严饰，天下翕然，知王学之类禅，而以孔子之道唯朱子能得其正，传之万世而无弊，则自今以往，归仁堂上跻朱子以配孔子，诚确乎不可易矣。于是吴徽仲、施虹玉、汪晦叔、金伊人诸子皆以为然，即于康熙壬申秋会，敬奉朱子神主于至圣先师孔子之侧，行释菜礼，请邑侯莲山廖公主祭以定之，而陪祭及执事会讲者百余人，莫不雍雍肃肃，以为自建书院以来至今百有一年而此礼始行，真是贞下起元。祭毕，讲学三日，颇有跃跃兴起之势焉。予喜祀典之大定而还古之振兴也，遂为之议，以告同志云。

在这篇文字里，汪晋徵把王学视为“邪说”，将还古书院一度尊奉王学看作“学脉大乱”，将朱学复兴看作是“正学昌明”“天下翕然”，对还古书院不为朱熹立神位愤愤不平，其态度既咄咄逼人，又有恃无恐。在当年八月十一日的仲秋会讲上，吴曰慎的表现就更突出了：

同人以祀安奉神主毕，予僭讲《大学章句》序，次日，廖公来主奠……既彻，讲周子《太极图说》，一尊朱注而推衍之……时在坐，有微举异说者，予厉声曰：“兹新奉朱子以配孔子，非独尊先贤，亦所以正学脉也，微朱子则孔子之道不明，而周程之传莫续矣，况今功令严饬，俾士子遵程朱，罔敢有悖，奈何沉溺旧习，不弃彼归比，以自取戾乎？”闻者竦然，无复相抵牾者。明日讲张子《西铭》及《论语·志于道》章。三日之讲，凡同堂绅衿髦士百余人，遂无不服朱子之学为至正，知传注之功为至大也。

吴曰慎一意尊朱，竟然不容有人“微举异说”！而他凭借的主要是清朝政府的“功令”，完全是在以势压人。经过这样一番整顿之后，还古书院彻底尊朱的目的是实现了，但也完全失去了自己的特色，在徽州众多的以朱学

开故土的情形，无尽的思念借助笔端喷薄而出，这就是著名的《献诗》：

古城岩下，水南桥边，三竿白日，一个怀着无穷希望的伤心人，眼里放出悲壮的光芒，向船尾直射在他的儿子面上。望到山、水、天合成一张大嘴，隐隐约约地把个帆影儿都吞没了，才慢慢地转回家去。我要问芳草上的露水，何处能得到当年的泪珠？

现在，诗人已离开我们半个多世纪，但诗中表达的父子之情，以及诗人对自己童年时代生活学习过的地方的怀念之情，却深深感动着每位读者。

伟大的人民教育家陶行知

陶行知从徽州文化中汲取了丰富的营养。他生于徽州长于徽州，受到生活环境的潜移默化，气质中有着徽州文化的明显痕迹，他的思想中贯穿着徽州人务实的精神。他既重生活又重教育，把教育与生活融而为一。他那注重品德修养、躬行践履的良好学风等等，都是徽州人人生哲学的结晶与升华。

2. 紫阳书院最后的传承：休宁中学

紫阳书院是徽州影响最大的书院，在清末新政时期走到了尽头。光绪三十一年（1905），清王朝正式停止科举，兴办近代学校，许承尧等人当年在紫阳书院内开设了新安中学堂，这是徽州的第一所近代学校；次年，又吸收新安中学堂部分程度较高的学生，创办了紫阳师范学堂；民国成立后，将紫阳师范学堂改为安徽省立第五师范学校，由胡晋接任校长。

胡晋接（1870—1934），又名石坞，字子承，又字紫琴，号梅轩，晚年号止澄，绩溪县城东人，近代徽州有影响的教育家。他幼年聪颖好学，随父就读于东山书院，经史诸子百家无不通晓，尤精程朱理学。光绪二十九年（1903），他应绩溪巨商程序东、程松堂聘诸，首创新学，开办仁里私立思诚二等小学校，主持校务八年，成绩卓著，开徽州近代教育先河。辛亥革命后，一度被推为安徽省临时代议员，后任省督学，负责视察徽州教育。

休宁中学

民国二年（1913）元月，胡晋接任省立第五师范学校校长，校址仍设在歙县紫阳书院。翌年二月，该校更名为省立第二师范学校，经三次迁徙，最后在休宁县万安镇新棠村定址。经胡晋接悉心筹划、购置民宅、改建校舍，学校初具规模。当时政局动荡，省拨经费极不稳定，他煞费苦心，惨淡经营，提出开源节流、自力更生的办学宗旨，在校内开设小商店、豆腐坊、砖瓦窑，并养猪、种粮、造林，将收入用于学校建设。至民国十三年（1924），校舍发展到500余间，并在亥山建图书馆，藏书15400余册。另建科学楼，置有仪器570件，模型100余具，化学药剂360余种，以及大量标本。校舍周围，学校依山傍水修筑围墙，在亥山上营造大片林木；为便于学生实习，还创办了附属小学，同时，二师还担负徽州各县的小学辅导工作。

胡晋接主持省立二师校政十五年，管理严，校风正，教学质量高，历年来培养造就不少人才。该校被誉为徽州学府，名扬全省。20 世纪 30 年代，国民党政府将设在歙县县城的安徽省立第三中学并入休宁万安的安徽省立第二师范学校，合称省立第二中学，此后又曾称为省立徽州中学、省立休宁中学、皖南区休宁中学。1952 年，学校定名为安徽省休宁中学，被省政府确定为省属重点中学，也是全省唯一一所坐落于城乡接合部的重点中学。

六、万安古传说（上）
——汪华与汪王故宫

（一）一代豪杰汪华

万安古城岩景色秀丽，又有横江水利之便，因此从三国至唐初，这里一直是休宁县治。隋末唐初，汪华起兵，在古城岩设立吴王府，这里一度成为整个新安江流域的政治中心，古城岩也从此与汪华结下了不解之缘。

汪华（589—648），绩溪人，是隋末大乱时起兵的群雄之一，也是徽州历史上影响最大的人物之一，但南宋以前的正史如《旧唐书》《新唐书》都没有为他立传。唐代李吉甫纂修的《元和郡县志》卷二十六云："睦州……隋氏丧乱，陷于贼寇。武德四年，讨平汪华，改为州。"成书于五代后晋时的《旧唐书·王雄诞传》称：

歙州首领汪华，隋末据本郡称王十余年，雄诞回军击之。华出新安洞口以拒雄诞，甲兵甚锐。雄诞伏以精兵山谷间，率羸弱数千人当之，战才合，伪退归本营。华攻之不能克，会日暮欲还，雄诞伏兵已据其洞，华不得入，窘急面缚而降。

北宋成书的《新唐书》虽然在《高祖本纪》中称"汪华起新安，杜伏威起淮南，皆号吴王"，但在《王雄诞传》中仍称："歙贼汪华据郡称王且十年，雄诞还师攻之。华以劲甲出新安洞拒战。雄诞伏兵山，以弱卒数千斗，辄走壁，华来攻，壁中奋殊死，不可下。会日暮，雄诞伏兵已据洞中，不得归，遽面缚降。"这个记载与《旧唐书》基本一致。司马光的《资治通鉴》则记作

武德四年九月，隋末歙州贼帅汪华据黟歙等五州，有众一万，自称吴王。甲子，遣史来降；拜歙州总管。十一月……先是，汪华据黟歙，称王十余年。雄诞还军击之，华拒之于新安洞口，甲兵甚锐。雄诞伏精兵于山谷，帅羸弱数千人犯其阵，战才合，阳不胜，走还营；华进攻之，不能

克，会日暮，引还，伏兵已据其洞口，华不得入，窘迫请降。

总的来说，在南宋以前的正史中，都把王雄诞对汪华的战争称为“讨平汪华”，给人的印象是汪华直至战败才被迫投降，而且都把汪华称为“贼”“寇”，评价甚低。由于新旧《唐书》都没有为汪华立传，对汪华的生平语焉不详，对他在徽州的巨大影响基本没有提及。

汪华像

现在存世较早的对汪华做出正面评价的史料，出自唐末的汪台符，他在唐天复二年（902）所撰《重建越国公庙碑记》云：

天不欲盖，地不欲载，两曜不欲凝，万根不欲生，玉石一尘，贤愚一丘，则神人不得不降，圣人不得不作，我唐不得不兴，越公不得不起，起而不失进退存亡者，越公得之矣。隋鹿无主，群雄率舞，公矫翅一鸣，声著千古，提山掬海，沃沸填危，扫平反侧之源，归我唐虞之际，武德四年，高祖下制曰：“汪华往因离乱，保据州郡，镇静一隅，以待宁晏，识机慕义，远送款诚，宜从褒宠，授以方牧，可使持节歙宣杭睦婺饶等六州诸军事。”感天人知已，瞻玉阙言怀，龙剑一沉，死而不朽，贞观二十三年也。有棠树之诗，无良弓之叹，固得父老请建祠堂在厅之西。大历十年，刺史薛邕迁于乌聊东峰，元和三年，刺史范传正又迁于南皋，即今庙是也。中和四年，刺史吴公圆克荷冥应，复新栋宇。迨今司空浔阳公景慕英尘，经始灵宫，凡三迁三饰，物不告劳，民唯求旧。济于时，死于国，功宣教化则祭之，其余不在祀典。狄梁公按察江淮，焚淫祠七百所，朝野韪之，所谓能执干戈以卫社稷，越公欲盖而彰，虽焚不可得矣。且汤不干，尧不湿，曷显圣人之政？唐历十有九帝，二百八十年，其时间有奴狂仆醉，触破王化，洎僖皇岁庚子，盗起曹南，逆尘犯跸，我淮王大叫义声，千里奔命，宣池濠寿滁和六郡，统我马棰，分我君忧，苟无将将之雄，莫破铮铮之胆。我司空浔阳公独疱仁义礼乐，饵舒池常润，于歙最多。为政第一，慰本城之人，筑久长大本，岂矜庄严一祠，企望六郡，直在乎开物成务，遗民金石者也。台符越公之裔，浔阳之吏，祖能神，主能贤，辞或不直，作神之羞，辱主之命。诏我邦人，同归典实，庶可与言文论政矣。

龙集壬戌十二月十有一日谨记

汪台符这篇碑记提供了非常多有别于新旧《唐书》的内容：

首先，它明确指出汪华是主动归唐的，“扫平反侧之源，归我唐虞之际。”汪华此举得到了唐高祖李渊的赞赏，受封为六州总管。

其次，依据“感天人知已，瞻玉阙言怀，龙剑一沉，死而不朽，贞观二十三年也”，则汪华曾入长安朝觐，而且有可能是在长安自杀身亡的。据徽州汪姓故老传言，汪华入长安朝觐后，对唐太宗非常忠诚。有一次，汪华陪唐太宗晚宴之后，随驾步入园中观赏明月。忽然间，太宗曰：“水中明月多娇娇，卿能捞上多玩玩?”顿时，汪华一股念头涌上心来：“这不是皇上赐死吗!”二话没说，纵身一跳，落入水中，壮烈牺牲。从汪台符的记载来看，这种传言并非空穴来风。

第三，从碑记中关于汪王庙的源流来看，早在汪华去世不久，歙州当地百姓就开始立庙祭祀汪华。整个唐代二百八十余年中，地方官吏也曾多次为汪华立庙、修庙，这充分反映出家乡人民对汪华的高度崇敬。

第四，最值得注意的是，汪台符在碑记中对汪华的一生给予了高度的肯定。碑记一开始就明确肯定了汪华起兵是不得不然、天经地义的，称赞他及时归顺李唐为“起而不失进退存亡”，归顺之后能“执干戈以卫社稷”，是李唐的忠臣，“死且不朽”。如此高度的赞扬，与官修史书中“贼”“寇”的污蔑形成了鲜明的对照。

汪王保障六州图

汪台符自称为汪华之后，碑记内容或有溢美，但从唐代歙州民间和官方曾多次为汪华修庙的事实来看，徽州民间对汪华的崇拜确实是发自内心的。

进入宋代以后，社会各界对汪华的肯定与赞扬越来越多。北宋大中祥符元年（1008），宋真宗东巡封禅泰山，随即在全国各地大肆进行封神祭祀，歙州知州方演上奏汪华事迹，真宗下诏封汪华为灵惠公，这是朝廷对汪华赐封之始。元丰八年（1085），大文豪苏辙任绩溪县令，县内发生严重的传染病。苏辙向灵惠公祈祷，据说颇有灵验，疾疫大安。苏辙因此满怀感激，写作了《祭灵惠汪公文》：

维元丰八年岁次乙丑，八月壬戌朔，十六日丁丑，承议郎知县事骑都尉苏辙，谨遣男适以卮酒特羊致祭于灵惠公汪王之神：神有功斯民，世享庙祀，辙来长是邑，即神旧邦。蒙神之休，雨旸以时，稼穑大熟，赋役毕具，狱讼衰少。才短政拙，何以获此？意由侥幸，以致疾疠，寒热为雪，下逮儿女，更相播染，卧者过半，迄兹痊损，自夏及秋，中间祷禳，神不厌渎，卒保康乂，皆神之恩。兹用恭敬薄礼以谢，不敏敢告，驱除瘴疠，时节风气，使民不告病，而吏与蒙贶。尚飨。

北宋末年的宋徽宗同样是一个热衷于封神祭祀的君主，政和四年（1114），下诏赐汪华庙号忠显。政和七年（1117）十二月，宋徽宗下诰封汪华为英济王，此为汪华有王号之始。宣和四年（1122），宋军镇压方腊起义，据说得到汪王暗中相助，“阴相平睦寇”，因功加封为显灵英济王，其加封诰词曰：

朕以庆赏之权，驭封爵之柄，奖于忠顺，罔问幽明，徽州忠显庙英济王武烈之功，久年方祀，威灵之德，能警群迷，比昭风马之详，率弭干戈之悖，云雷顺序，山川廓清，乃仍旧封，肆加显号，俾民奉享，恪恭不忘，相其丰年，以苏疲瘠，繄神之祉，厥为休哉。可特封显灵英济王。

宣和四年六月二十八日中书舍人李回行

在官方对汪华崇祀不断升温的同时，民间也出现了关于汪华事迹更为具体的叙述。约在北宋末年，婺源人胡伸撰《唐越国汪公行状》，这是现存最早的关于汪华生平的详细记录。

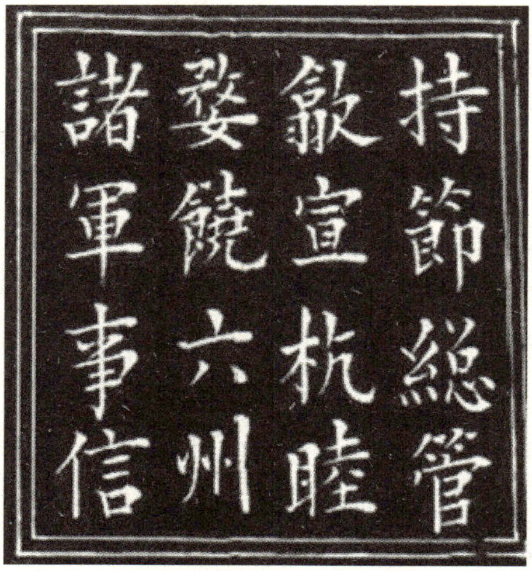

汪华印

关于汪华的身世：

公姓汪氏，讳华，新安人。……公曾祖、泰祖、勋父僧莹皆仕于陈，母歙西郑氏梦黄衣年少长丈余，拥五云自天而下，因与之遇，觉而有娠，至德四年正月十七日夜半乃生，香雾覆室，三日始散。

关于汪华起兵与称王：

公幼颖慧，所居上常有奇气。……及长，身长九尺，广颡方颐，庞眉隆准，美髭髯，……以勇侠闻，属婺源寇起，州遣押衙董平讨之，战不利。郡将张公募土豪有胆气者御之，公走应募。即日部兵上道，直抵贼营，而贼远望山林草木皆为甲兵，寇惊相谓曰："郡兵盛如此，天亡我也。"稍稍引退，公进击灭之，张公郊劳赐补有差。隋大业间，王政不纲，豪杰并起，各建号郡邑。公慨然曰："世变如此，吾死兵革无憾，如百姓何？"时杜伏威起江淮，张公欲与相应，心独忌公，乃遣如篁岭凿山开道，欲因事诛之。公与裨将汪天宝领兵开拓，不日而毕。比还，不加礼，更劾以差，后不均，稍侵之。公怒，将士突入围府，欲兵之，张公惧，遁去。人人噪请于公曰："张公贪而酷，赏罚不公。方时扰攘，何特一守。今幸已逐，而境内无所统一，天子南幸江都，盗贼拥隔，诏令不至，欲求摄刺史以镇一方，非公不可，公宜从众。贼平请命于朝未晚也。"公不得已从焉。宣州守闻之，将遣兵来问，公分部诸屯，自以精兵八百人先驰入宣境，至溪方半渡，马跃鞭坠，遣卒取之，不得，公怒拔剑斩之，尸立水中不仆，土人因异之，目为东灵神。进至尘岭，驻军其上，时大暑，士马渴甚。公仰天祝曰："事若济，地当涌水。"乃以戈镈镵石，得泉脉，因加凿治，至今行旅便之。未至宣城三十里，城中遣将陈罗明来战，罗明败走，公疾击斩之，宣守面缚请降，公释不问。因抚定其民，选其精锐以归。既而杭睦婺饶等四州相继皆下，公奄有六州，带甲十万，威令益隆，诸将谓公曰："今中原分乱，大众已集，若但以刺史统军之号临之，复恐瓦解，天与不取，古人所戒，公宜建王号。"公辞再三，乃斋戒择日建吴国，称王，以天玉为右相，铁佛为左相，皆公族也。其他乡佐并有常员，择贤且才者处之。然禀隋正朔不废，为政严肃，赏罚明信，远近莫不爱慕。虽四方大扰，部内赖以平安者十余年。

关于汪华归顺李唐：

唐高祖起太原，已受隋禅，而秦王出师江左。公谓群下曰："日月出矣，爝火不息，可乎？顷，吾夜见天象，荧惑正侵太白，太白西方，于音为商。吾姓商音也，灾异既形，吾计决矣。"武德四年九月甲子，乃籍土地兵民遣宣城长史铁佛奉表于唐，高祖嘉之。是月二十二日，诏曰："具官某，往因离乱，保据州乡，镇静一隅，以待宁晏。识机慕化，远送款诚，宜从褒宠，授以方牧，可使持节总管歙宣杭睦婺饶等六州诸军事歙州刺史，封越国公，食邑三千户。”

关于汪华归唐后的事迹：

时杜伏威据丹阳，自称行台，十一月命王雄诞以饶、洪兵万余人来侵。公遣天宝等击之，天宝作铁盾重百二十斤，左执之以冲敌，伏威大败，死者过半。天宝与八十人追之，贼还军合战，天宝势蹙，因奋势越巨石，所践成迹，贼军惊异，乃退，郡境以宁。及伏威入朝，其长史辅公祏夺王雄诞兵以叛，伪建位号。公引兵讨之，旗帜蔽江而下，公祏惧，退保武康，丹阳遂平。公振旅还，令兵民各复其业。明年，遂朝于京师。贞观二年，授左卫白渠府统军，十七年改忠武将军右卫积福府折冲都尉。太宗伐辽东，诏为九成宫留守。公夙夜尽瘁，事无所乏。驾还，尤称其勤。二十三年三月三日，薨于长安，享年六十有四。公初疾，上常劳问赐医药，及薨，赐杂彩十床、黄金百两、东园秘器，恩礼如功臣。永徽二年，诸子以公丧还，四年十月二十六日葬歙县北七里云岚山。

这份行状，详细叙述了汪华的身世和占据六州的业绩，以浓墨重笔描述了汪华“为政严肃，赏罚明信，远近莫不爱慕。虽四方大扰，部内赖以平安者十余年”，突出称赞了他在乱世中保障了六州百姓的安宁。尤令人讶异的是，依据行状，汪华在与王雄诞的战争中是打了胜仗的，而且还在随后协助李唐王朝讨平了杜伏威余部的叛乱。汪华入长安后深得唐太宗信任，最后因病逝世。这些叙述，不仅与正史有矛盾，与前述汪台符的碑记也有矛盾。但是这份行状显然得到了汪氏宗族的认可，今天存世的多份徽州汪氏族谱中都有这份行状。

进入南宋以后，朝廷对汪华的追封达到了一个高潮：宋孝宗隆兴二年（1164），以汪王能御灾厉，加封为信顺显灵英济王；乾道四年（1168），加封为信顺显灵英济广惠王。宋宁宗嘉定四年（1211），改封为昭应显灵英济广惠王。宋理宗淳祐八年（1248），改封为昭应显灵英济威信王；淳祐十二年（1252），更封为昭应广灵显德英烈王；宝祐二年（1254），改封为昭应广佑显圣英烈王；宝祐六年（1258），更封为昭忠广仁显圣英烈王；宋恭帝德祐元年（1275），特封为昭忠广仁武神英圣王。南宋共有四位皇帝八次追封汪华，封号越来越长，也越来越威风。这些加封的诰词除了连篇累牍地称颂汪华的功绩外，字里行间也表达出了统治者希望达到的目标，如德祐元年的诰词为：

赤壁之风胡为而助顺，公山之木何自以皆兵，兹非天幸之偶然，意有神助而至此。徽州忠烈庙神昭应广仁显圣英烈王，生而烈士，没则正神，明德在民，宜在通百世而祀阴功，及物何止活千人之封。属边尘之未清致，内寇之偶扰，浸迫近境，实繁有徒，灵若降于云中，历阌驱于山左矣。英威之孔灼，见于士庶之所陈，方人心威疑之秋，倚神为重，则国家褒崇之典，于礼易宜易庙额之嘉名，锡王爵之美号，以昭异渥，以答殊休。噫，惠吉逆凶，盖有同于影响，御灾捍患，尚益著于声灵，永孚于休，大庇兹土。可特封昭忠广仁武神英圣王。

德祐元年十月十五日

南宋王朝除了多次给汪华本人加封外，还对汪华的直系亲属也加了封号。宋宁宗庆元五年（1199），封汪华父母世惠侯、协惠夫人；嘉泰元年（1201），加封汪华父母为世惠垂贶侯、协惠赞祐夫人。宋理宗淳祐元年（1241），封汪华祖父母为灵惠侯、灵裕夫人。宋孝宗乾道元年（1165），封汪华妻子钱氏为灵惠夫人。宋宁宗庆元五年（1199），加封钱氏为灵惠助善夫人；嘉泰元年（1201），加封钱氏为灵惠助善协顺夫人。宋理宗淳祐元年（1241），加封钱氏为灵惠助善协顺显应夫人。宋孝宗乾道九年（1173），对汪华的八个儿子一一加以封号：长子建，封忠惠侯；次子璨，封忠利侯；三子达，封忠应侯；四子广，封忠济侯；五子逊，封忠泽侯；六子逵，封忠仁侯；七子爽，封忠德侯；八子俊，封忠佑侯。

宋代对汪华及其亲属的大规模加封，是一种非常罕见的历史文化现象，背后有其深层次的原因，大致包括以下诸条：

1. 汪华在战乱岁月中保障了故乡的安宁，主动归顺李唐更避免了一场血腥的战争，有功于民，深得人心，这从他死后归葬歙州就有百姓为其立庙祭祀就可以看得非常明显。所以，尽管新旧《唐书》对汪华颇多贬义，也没有能够阻止民间的自发崇拜，加封汪华在徽州是深得人心的。

2. 汪氏是徽州最大的宗族，宋代即俗称“四门三面水，十姓九家汪”。无论中央朝廷还是地方官员，想要稳定徽州的秩序都不能不重视汪氏宗族。

3. 宋代以后，徽州文化经济迅速发展，在全国的地位日益重要。南宋定都临安，徽州据新安江上游，更成为畿辅重地。在此种情况下，统治集团有意识地加封汪华，提高汪华的地位，以争取徽州的人心，稳定当地的社会秩序，达到巩固统治的目的。同时，赵宋王朝本身就是一个积贫积弱的朝代，崇拜汪华这样一位以武称雄的乱世英豪，很符合封建统治者以神道设教的需要。前举德祐元年的加封诰敕，就是在宋朝岌岌可危、即将灭亡的前夕颁布的，反映出这个处于极度恐慌中的王朝急于寻求强悍神灵的庇佑。

（二）罗愿与汪王形象的塑造

宋代徽州经济文化的发展，带来的另一影响是，徽州当地的知识分子群体不断扩大，所谓“宋兴则名臣辈出”。这批知识分子通过科举走进仕途，获得了相当的社会地位，掌握了相当大的话语权。他们依据自己的切身经历重新考察认识徽州的历史，而汪华以其在徽州的特殊影响，成为这种重新认识徽州历史、塑造徽州区域意识的中心人物。

在徽州知识分子重新认识和塑造汪华形象的过程中，南宋时期的罗愿发挥了重大的作用。

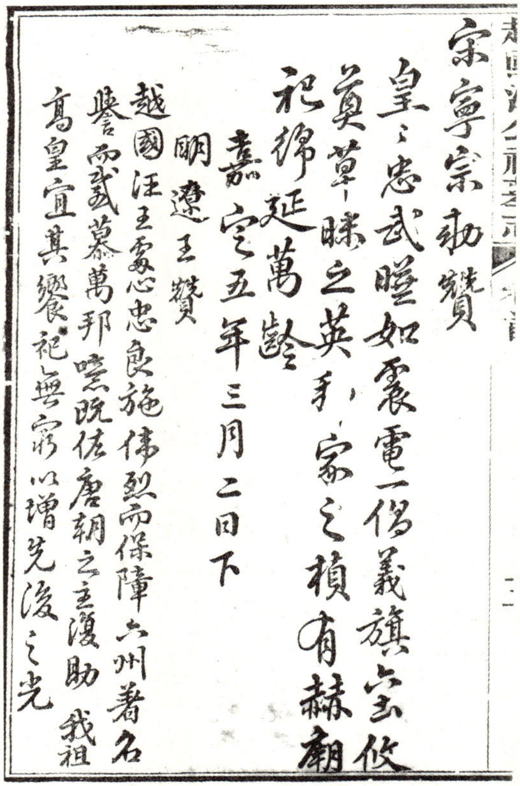
宋寧宗勅贊
皇皇忠武 暟如震電 一倡義旗 寔佽
莫草 睬之英乎 家之楨 有赫廟
祀綿延萬齡
嘉定五年三月二日下
明遼王贊
越國汪王 處心忠良 施偉烈而保障六州 著名
譽而武慕萬邦 曁既佐唐朝之主 復助 我祖
高皇宜其饗祀無窮 以增光後之光

历代汪华像赞

罗愿（1136—1184），字端良，号存斋，歙县呈坎人，出身于官宦世家，乾道二年（1167）中进士，先后做过赣州通判、南剑州知州，最后出任鄂州知州，后人又称他为罗鄂州。罗愿博学好古，文章高雅精良，他在结合前人成果的基础上，悉心访求，于宋淳熙二年（1175）撰成《新安志》十卷，是现存徽州最早的方志，也是国内为数不多的宋代方志。《新安志》的体例、内容和文笔得到了后代学者的广泛赞赏，清初大学者朱彝尊称赞《新安志》"简而有要，此志之最善者"。乾隆年间的《四库全书总目》盛赞《新安志》："叙述简括，引据亦极精。赵不悔序称其博物洽闻，故论载甚广，而其事简括不繁，又自得立言之法。愿自序亦自以儒者之书，不同抄取计簿，皆不愧矣。"

罗愿在《新安志》第一卷"祠庙"条为汪华专门立传，成为后人重新认识、评价汪华的主要依据。

罗愿首先将汪华作为"新安之神"予以详细介绍：

新安之神，讳华，姓汪氏，绩溪人，隋将宝欢之从子。少以勇侠闻，大业之乱，以土豪应郡募，平婺源寇有功，寻为众所推，保据郡境。时四方割据建号者众，乃稍以兵取郡，并有宣杭睦婺饶五州，带甲十万，建号吴王。为政明信，远近爱慕，部内赖以安全凡十余年。……

《新唐书·本纪》，王以武德四年九月甲子归唐，而《杜伏威传》及《王雄诞传》乃载王与雄诞战，览者因以为先战后服。以《资治通鉴》考之，王九月归唐，十一月自与伏威将雄诞战，是时王与伏威皆已受唐命，战自其私愤，非因战之后始归唐也。按，唐诰称其识机慕化，远送款诚，则是王自知天命，非战而后服，明矣。今唐诰见存其辞，则李百药、颜师古所作可以考信，故国朝赐庙额，父子并称忠云。

罗愿这段介绍之所以重要，是因为他在汪台符、胡伸等人叙述的基础上，对汪华与王雄诞之战作出更合理的分析。本来，按正史记载，汪华在洞口之战中是败于王雄诞的，其后被迫投降；胡伸所作的行状，在肯定汪华早已归顺李唐的同时，却否认汪华曾经战败，反而称汪华曾经大败王雄诞。行状是后代子孙用以纪念祖先的一种文体，夸胜讳败本属常情，但因与正史截然相反，容易被人指为杜撰。罗愿没有从正面触碰汪华是否战败，而是详细考察了汪华归顺李唐的时间，指出既然汪华在战前就已经归顺了李唐，就不存在杜伏威、王雄诞奉李唐之命"讨平"汪华的可能，王雄诞进攻汪华纯属发泄私愤，汪华也绝不是在战败之后才被迫降唐的。为了更详细地论述自己的观点，罗愿还专门作了一篇长文《汪王庙考实》，附于汪华传记之后，内容十分丰富，考证也极为精当。

关于汪华名字，是叫汪世华还是汪华？

行状云王讳世华，避唐太宗讳，去上字。按，初封诰在武德中，无所谓世字，虽秦王威望素隆，然王以称孤之余，方为国屈，不应于此时讳诸王二名而预为之避也。考一时归唐者，如王世充、李世绩，皆无所省，世绩在贞观时犹复如故。至高宗初即位，有司请改官制中有治字者以避上名，高宗以贞观时不讳先帝二字诏之，有司奏曰："先帝二名，礼不偏讳，上既单名，臣子不合指斥。"以此知未尝偏讳也。后改民部与昏、叶等字，及世绩之为绩，皆在高宗时讳亲之典，安有当贞观时为人主则不讳，而在武德时才为藩王人反为避哉？然今相传云，王有二弟世英、世荣，或曰初实二名，既贵，自欲从省，要不为唐讳设也。

关于汪姓的由来：

氏族之书皆以汪姓出汪罔氏，亦曰汪芒，孔子所谓漆姓守封隅之山者。在虞夏商，为汪罔氏；于周，为长狄；于春秋时，为大人。又，《海外西山经》有汪野，李善以为汪氏国在西海外。然则汪罔其氏，而汪野其国也，顾所居距中国辽远。而哀公时，鲁乃有汪锜者，以死齐难，为圣人所褒，故内翰汪公志其宗人司城墓，推姓所起，亦先本汪罔。又采或说云：汪，姬姓也，鲁成公支子，食采于汪，因氏焉。汪罔之汪，见于传记，而姬姓之汪，特出于今里中所传，故内翰两存之。窃尝以汪罔之人，世皆长大，号十倍僬侥氏，在春秋间盖尝至矣，兄弟四人各适一国以死，其适鲁者曰侨如，鲁之亚卿以名其子，而太史又志其藏，以为异也。然则所谓汪罔之后者何从而容于鲁乎？藉令在鲁，已传数世，其质尚当与常人异，孔子之答吴客，何至近舍本国之汪，而远称封隅之长狄大人以为证耶？《春秋正义》亦引苏氏云：《国语》称大人者，屏居夷狄不在中国，由此观之，谓汪氏为诸侯之裔，似稍近人情。至俗所传谱，自成公以下有一世某、二世某云者，仍其旧而言也。

汪氏迁入徽州的过程：

行状称：汉建安二年，龙骧将军文和为会稽令，因世乱避地家于新安。文和之名，他书无所见，沈约《宋书》云：龙骧将军晋武帝始以王浚居之，然则自浚之前安得有此官也？近世临川邓名世作《姓氏辨证》，言王始居新安，故望出新安，今黟、歙之人十姓九汪，皆王后也。又云陈稷州刺史汪纲，陈亡，自歙州徙河间故，又有河间汪氏。按，纲之由新安徙既在陈时，则汪氏之居此旧矣，岂得言自王始乎。太平兴国中，有为王庙记者，言王乃隋将宝欢之族子，或谓陈隋以上始处此邪？本之龙骧则荒远，就王为说则简陋，俱未适中，故内翰至此略而不言。若以新安之族由王而望始著则可尔。

汪华保障六州的区域：

行状所载王事，出于故老所传，凡有初起假奇怪以动人者不暇抉择，然其本末犹得以粗见。承议汪公所作传特为整洁，至王师正删略太甚。师正，他郡人，不深为稽考，务欲每事贬损，如言兵，则云得数千人，言地，则云据郡以守。夫以数千人守一列郡，而遽建号，虽妄庸不为也。方隋亡时，蜂起之将不可胜数，其以姓名载于唐《新书·本纪》之首者四十有八人，王之名在十数人之中，此非小弱也。功济六州之民，而心识天命所在，亦岂可忽哉。史之所书虽略，然《资治通鉴载》王据黟歙等五州，有众一万，则与行状及汪传所书略相类矣。唐之命王以六州，盖因其所有就畀以节，不然王特以一州内附唐，何所利复割他郡附益之哉？然云五州，犹有未合者，盖通鉴特载于归附之日，岂疆场之设一彼一此，在当时存者五州欤？抑欲言据黟歙外复有五州，致略其文欤？较其实，则所谓六州者盖皆尝有之，不可掩也。至于兵之多寡，则据一时籍献之数，容有罢归者。《通鉴》及《新书》又言王甲兵甚锐，夫以锐兵而数至一万，则余卒固不止此矣，岂若师正之云者哉。

汪华迁歙州州治于歙县乌聊山：

新安郡治，自昔屡迁，今治歙县乌聊山之西则实始于王。乌聊者，郡之形胜，自汉建安之乱，县人毛甘以万户守之，逮王之起，复屯其上，后因迁治其旁云。而行状及传乃言王初起时，以箭所下处立城，指绩溪县东之祠为其故处。按，今绩溪虽有故城，而《图经》载隋开皇十一年，州治黟，大业中为郡治休宁，义宁中治歙县之乌聊山，义宁所治非王孰始之？其城于绩溪，当是草创营垒，其后卒迁今治尔。此王所规画，故表之。

汪华归顺李唐的经过，这是罗愿考证的重点：

愿尝以王庙食此邦逾五百年，而民爱敬之久而愈新者，不唯能出云雨御灾厉，亦由其起不失正道，始终出于靖民。故天下方乱，则以身蔽六州之人；及其粗定，闻真王而遂归之，事合天心，为天所相，是以生享其祚而没食其土，以能悠久。然则不斗一民不烦一旅，间关自托于唐者，乃王之大节本意，不可以不白也。今武德告命具存，所以褒表者其语明甚，而

《旧书·本纪》不著归唐月日，《新纪》虽于武德四年九月甲子书降，至《列传》杜伏威遣王雄诞来伐，又不著其已受唐命，反更追书称王时事，遂使览者徒见纪传所书皆在四年，因指为一事，意王负固累岁，而伏威、雄诞以天子之命来讨，力穷势蹙至是始降尔，则与告命所谓远送款诚者岂不相戾邪？盖雄诞来伐虽亦以此年，然王送唐款实先之，所谓九月甲子者，九月九日也，告命以此月二十二日下，则款之至唐与其封拜皆不出九月中，而雄诞之来乃在是冬。谨按，《资治通鉴》王遣使归唐载于九月，而雄诞来伐别载于十一月，则是归唐之后已受封拜，而伏威、雄诞自以私意伐之尔。是时伏威之于唐未为纯臣，王之归唐也必思以忠自列，耻因之以成事，故籍其土地兵民，遣使间道越伏威之境以归之天子。意伏威之党相与窃议，疾王归唐之事不出于己，因袭之以为己功，此淮阴击已降之类，初不害王之先识也。若夫王之屈于伏威，虽出于不得已，然彼方以行台自名，而雄诞实左右之，吾为唐行台屈，尔肯遽出其下哉？说者又以雄诞既战之后，唐室以其前后功，亦除歙州总管，管歙、睦、衢三州，疑若右雄诞者不知唐，于此时亦未能全制东南来者斯受之，尔王既以六州自归，则因以六州畀王，逮伏威自以行台而袭王为己功，唐亦不得而却也，此正淮阴之事也，岂天子亦欲见王而为之遣代邪？故未几遂朝于京师。尝试考王归附之初，高祖以大国重使见处，与其一时褒崇之语，及贞观之间典宿卫者二十年，太宗远伐，委之筦钥，非夙嘉其节而深信其心何以及此？告命所表，虽汉甲令称忠殆不若此之明也，不考此而云云，岂不误哉！

罗愿认为汪华“起不失正道，始终出于靖民”，这是徽州百姓怀念汪华的主要原因。而汪华主动归顺李唐，“不斗一民，不烦一旅”，为老百姓避免了一场血刃之灾，这是“王之大节”。罗愿经过进一步考证后，断定杜伏威、王雄诞进攻汪华是“疾王归唐之事不出于己”，“以私意伐之尔”，“此淮阴击已降之类”。淮阴指淮阴侯韩信，汉高祖三年（前204），刘邦封韩信为赵国相国，叫他收集未去荥阳的赵国兵卒去攻打齐国。然而，韩信到达平原县后，还未过黄河，就听说刘邦已派遣郦食其为使，说服了齐国，齐国已经投降了。韩信听从谋士蒯通的建议，仍然去攻打已经投降的齐国，占领齐国后，做了齐王。罗愿认为杜伏威、王雄诞攻击已经归顺李唐的汪华，与韩信当年做法如出一辙，实属一丘之貉，都没有正当性。

汪华归唐后的官阀：

王入唐，除左卫白渠府统军，及忠武将军行右卫积福府折冲都尉，及

歙县云岚山汪王墓

九宫留守。按《六典》，左右卫有诸曹，及亲勋翊五府，及武安、武成等五十府，所谓白渠、积福，盖五十府之列也。始武德初，依开皇旧名，置骠骑将军以掌府卫，七年，改为统军，后又采隋折冲之名，改统军为折冲都尉，然则统军及折冲一官也，忠武将军者，与冠军、云麾等，凡十将军，谓之散号将军，以为加官，其有职事，则高者为守，卑者为行，此于官带行字者，忠武正四品上，折冲乃统军所改，统军正四品下故也。然自始封国公，则已在一品矣，九宫留守亦环卫官。

汪华的夫人与儿子：

行状及传皆云："夫人钱氏，唐功臣九陇之女。"按，九陇家世，虽本东南人，然以新旧书考之，自其父在陈时为隋所获，没入为隶，故九陇事唐公，以善骑射，常置左右，则钱氏当隋初已在太原，两家方微，不应涉千里而聘。若王入唐始婚，则王以隋开皇六年生，至武德五年，年三十有七矣，中间称王十余岁，亦不应未有配偶。又丞相汪公云，王以六州所兴，提挈八子归诸朝，天子嘉其忠，封越国公，命诸子班环卫，则王未入朝之先已有八子矣。计钱夫人之前，容有夫人，逸其姓氏者，以其时考之当如是，不敢臆断也。诸子名位，既大抵出于入朝一时恩命，则历官皆不当止此，而王之胄嗣亦将不止于八，今自歙及杭睦间往往祀所谓汪九郎者，云王之幼子，岂钱氏之出欤？抑在八子之中，而其群从相与为次第，故至九欤？当以待知者。

汪华的夫人与儿子是一个很复杂的问题，而且在徽州汪氏宗族中还是非常敏感的话题。因为汪华在徽州的威望非常高，往往有其他族姓假冒汪姓的，“十姓九汪”中不乏冒牌货。由此导致了徽州汪氏宗族关于汪华夫人和儿子的长期争论，汪华究竟娶了几位夫人？生有几个儿子？一直没有共识。罗愿在此处以学者的严谨，肯定汪华的正妻是钱氏，之前应该还有其他妻室，汪华至少有八个儿子，很可能还有第九个儿子，但没有下明确的结论。实际上，这个方面的争论至今依然存在，笔者就曾经见过一份族谱，自称祖先为汪华第十一子，这中间的是非曲直就绝非本文所能容纳了。

罗愿《新安志》对汪华的研究，产生了深远的历史影响，他以充分的证据和强有力的论证为汪华翻案，称赞汪华“靖民”之功和识天命的“大节”，这些论点为此后历代公私论著所引用，成为评价汪华的主流意见。

（三）汪王崇拜在徽州的盛行

元明清时期，中央政府对汪华还有过几次追封。元顺帝至正元年（1341），改封为“昭忠广仁武烈灵显王”。明太祖洪武四年（1371），下诏保护汪王庙：

皇帝圣旨：江南等处行中书省，诏得徽州土主汪王，福佑一方，载诸祀典。本省大军克复城池，神兵助顺，累著威灵，厥功显赫，理宜崇敬。除已恭迎神主于天兴翼祠祀外，据祖庙殿庭省府合行出榜晓谕禁约，诸色头目官军人等毋得于内安歇，损坏屋宇，斫伐树木，拴系马匹，牧养牲畜，非理作践，以致亵渎神明，如有似此违犯之人，许诸人陈告，痛行断罪，仍责赔偿所有。榜文须议出给者。

洪武四年七月十六日

直至清代咸丰七年（1857），清政府还以汪王在太平天国战争中护佑有功，加以“襄安”尊号。

元明清时期的徽州经济文化十分发达，汪氏宗族中人才辈出，为汪华翻案乃至全然推翻正史记载的大有人在。元代新安理学学者祁门人汪克宽的《越国公论》可视为这方面的代表作：

仁足以救生民之死而义有所不为，此事之至难而不可以两全者也。白起破赵兵于长平，坑降卒四十万，又前后斩获四十五万，杀人若刈草菅然；王莽以外戚受封新都，遂窃国柄，视弃君如土梗弁髦，而因以毙之，他日赐剑杜邮、传首宛城，天道好还，无毫发爽，后之悖仁违义者可为永鉴矣。隋大业之乱，天下豪杰并起，各为雄长，互相吞噬，杀戮无虚日，唯越国汪公集果毅，保州里，遂兼歙宣杭睦婺饶六州之地，救生民于涂炭，逮天下既定，奉表于唐高祖，赐诏褒嘉，命为方牧。方是时，江左之聚兵据土如林士李子通之徒，并称尊号，残忍苛刻，卒覆其宗，且祸逮无辜之民。公乃保全始终，子姓显荣，盖其仁足以救生民之死而义有所不为者也。予独怪唐臣编史，比于主簿张金称辈，以贼名之。窃考高祖起兵太原，既以私幸晋阳宫人，又杀留守，取长安，阳尊代王侑而假禅受之礼，其与宇文化及王世充、李刘武周、薛举、梁师都之流，直五十步笑百步耳。不省己过，而以恶名加之他人，亦独何哉？欧阳公《唐史》及司马公《资治通鉴》，并因旧史本文，未之有改。善乎吾邦朱子著《通鉴纲目凡例》，凡起兵以义曰起兵，其起虽不义，而所与敌者不得以盗贼名之，则曰兵起，故隋末白瑜娑、王薄之类，人微而事未成，则书曰兵起。盖深恶秦隋之暴，谓人人得而诛之。故汉唐之初，书法不异，乃立论之至公也。惜乎越国公之始末，史不立传，是以《纲目》不获特书以表之耳。予故辨而论之，以告后之修史者当以《纲目》为法。

显然，汪克宽不但继承了罗愿的说法，称赞汪华救民于水火，而且揭发李唐王朝起家时，“私幸晋阳宫人，又杀留守，取长安，阳尊代王侑而假禅受之礼”，李渊父子的此种行径，与正史视为“乱臣贼子”的宇文化及、王世充等人并没有多少区别，最多也就是五十步笑百步罢了。汪克宽抨击唐代史臣“不省己过，反以恶名加之他人”，新旧《唐书》以至《资治通鉴》视汪华为“贼”是完全错误的。

正是在这种思潮的影响下，明清时期由国家组织撰修的《一统志》中再未称汪华为贼寇。《明一统志》记汪华云：

绩溪人，少以勇侠闻，隋末兵乱，以土豪应郡募，保据郡境，并有宣杭睦婺饶五州，建号吴王。唐武德间，籍土地兵民纳款。高祖授以总管歙宣杭睦婺饶六州军事歙州刺史，封越国公，郡人十姓九汪，皆华之后。

《清一统志》记汪华则云：

歙人，大业之乱，立募平婺源寇有功，郡人请摄刺史，以镇一方。既而宣杭睦婺饶等州相继皆下，部内赖以平安者十余年。武德四年，籍土地兵民奉表于唐，封越国公，后薨于长安，诸子以丧还葬。

上述记载不仅未称汪华为“贼”，而且吸收了罗愿、汪克宽等人的观点，充分肯定了汪华的历史功绩。

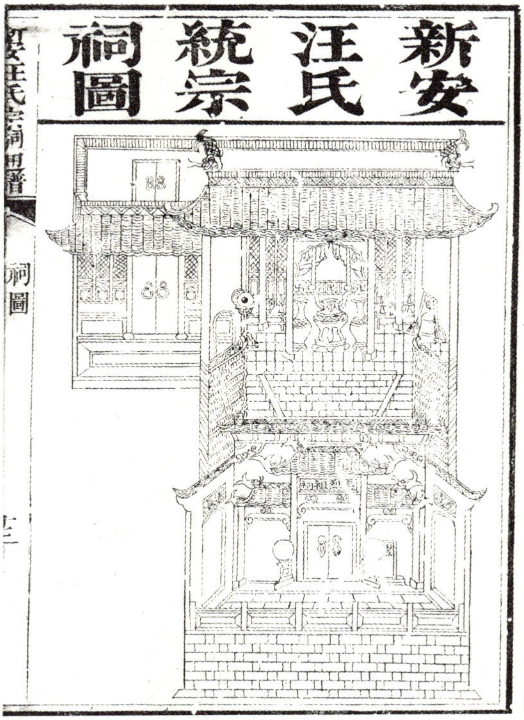

汪氏统宗祠图

汪华的功绩，加上汪氏族人的狂热崇拜，自唐以来的一千多年中，作为徽州区域神灵而受到普遍的纪念，徽州各县遍立汪王庙。古城岩作为汪华起兵时的幕府所在地，早在南宋乾道八年（1172）就由道人智诚募资建有汪王庙，县令邹补之为其作记：

万安山在隋唐间为歙州治所，旧有城曰故城，俗谈曰古城。下有市，亦曰旧市。予按乐史《寰宇记》，歙本《禹贡》扬州之域，春秋时其地属吴，吴后属越，越为楚所来，故又为楚。秦并天下，置歙县，汉以隶丹阳郡，献帝建安中，歙帅毛甘屯乌聊山，乌聊即今日之州治也。吴孙权遣贺齐平之，遂分县置休阳，治灵乌山，后避孙休讳，改海阳，移治万岁山。晋平吴，改海阳为海宁，并隶新安郡，历宋、梁、陈，隶丹阳郡。隋平陈，置歙州，初治黟，后移海宁，又改海宁为休宁。大业末，灵惠英济王以海内倜扰，起义闾里，保有歙宣杭睦饶婺等六州，实寓治兹土。唐武德间，归义，封越国公，授歙州刺史，持节都督六州诸军事，而歙又为都督府治所。贞观初，罢都督，后为州。天宝十三年，移休宁于邑西十三里，即今治所也。皇朝宣政间，盗发邻壤，膻秽波及，始改歙为徽，而万岁山以语近指斥，故更为万安焉。人杰地灵，神所凭依，虽将百世祀可也。王后归朝，薨长安，归葬于绩溪之登源。后世即葬所祀之，威灵日著，封纶狎至。祥符二年，封灵惠公。政和二年，赐庙号忠显，七年，进封英济王。宣和，加显灵。至今宣歙间民十姓九汪，往往皆其裔胄也。祠祀殆几遍诸邑矣。休宁旧无祠，前令吴君端智始即县东山祠之，然犹未广也。故城以王所依凭，威灵萃辑，祠祀弗虔，道人吴智诚始斥大而加新之，中严像，翼以城隍五显之神。经始于乾道壬辰，鸠工于淳熙己亥，土木壮丽，丹护垩饰，金碧相辉，过其下者睢盱惊骇，叹所未有。属予问公事外效，饭山中，智诚砻石请记刻之。予因叹今之官府每有所营建，动畏有扰，阻隔废去，宁坐败榻朽栋之下，若将压焉，弗顾也。尔智诚无禄于官，无赋于民，徒以蔬粝苦行于檀，施信响用，能张空拳成就如许事，且又日养数十指，朝钟暮鼓，无以异于浮屠老氏之宫，亦足以知智诚之裕于干也。故为疏其颠尾，且以慰其志云。

“土木壮丽，丹护垩饰，金碧相辉，过其下者睢盱惊骇，叹所未有”。当年的汪王庙想必壮丽非常。徽州所有的汪王庙，每逢汪华的生辰忌日，都会有隆重的祭祀活动。古城岩汪王庙的祭祀与纪念活动的具体细节，由于文献不足，今人已不甚清楚。但可以歙县瞻淇的王祖会庙祀汪王神为例，延续时间从正月初五开始到正月二十五结束，前后共二十一天。村民在忠烈庙神前设席，摆设徽菜三十六碗三十六盘，供神享用。夜晚，庙内上堂下堂灯棚，点燃六瓣珠灯、六瓣红丝灯、六瓣黄纱灯等各种各色明灯一百四十只，彻夜亮堂。庙内与广场皆搭建戏台，雨天庙内演，晴天广场演，演出徽戏八天七十四场，其中四天日夜连演，人神共娱。这种庙祀汪王神的盛大庆典，每年都要举行一次。古城岩汪王庙的地位远高于瞻淇村的王祖会，祭祀活动的热闹盛大，应有过之而无不及。

古城岩的绝妙风光，汪王幕府的历史圣地，很自然地激发起文人的诗兴。自宋代以来，题咏古城岩汪王庙的诗作代不乏人，明代大文豪休宁人程敏政曾经在古城岩附近隐居，在文集中留下题咏就更多了。此处摘录一二：

题古城岩

［宋］邹补之

依然雉堞古城基，开创由来自汉隋。

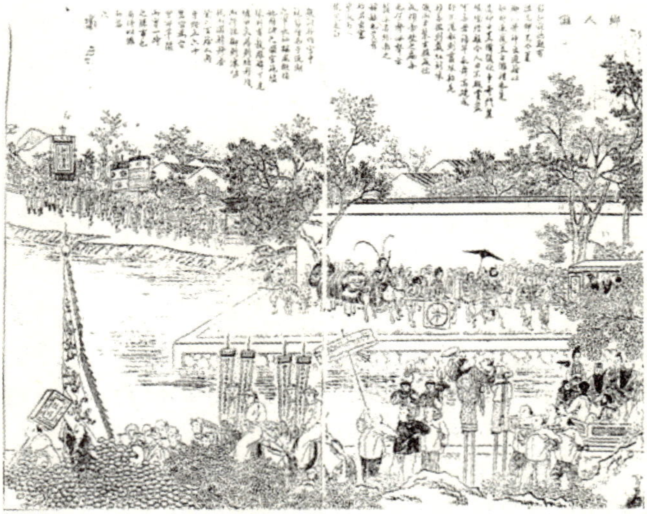

黟县民间抬汪公游太阳图

南北两门余落日，黔黎百姓话当时。
循山虢虢陈公堨，凿石岩岩葛令碑。
万丈悬崖如削玉，也应容我恣题诗。

题古城石壁（上有汪王庙）

［元］汪泽民

炀帝南游四海兵，石门凭险待时平。
至今万岁山头庙，犹有居民说古城。

题古城岩诗

［明］杜贯道

山环歙水古城存，生齿闲存感旧恩。
百战威名能动地，六州花柳自成村。
鸣钟灼见开唐运，抚剑幡然下石门。
庙食如神岂多见，凿诗当与后人论。

古城岩

［明］程敏政

垂闲来上古城岩，石洞深深似隔凡。

迭巘每迎神驭下，危峰疑出鬼工劖。
一溪寒水围青嶂，万壑天风响翠杉。
知是何人先到此，断崖高处刻题衔。

次宋县令邹补之岩口石壁留题之作

［明］程敏政

不见当年旧县基，独留孤庙想陈隋。
水过山脚无寻处，路绕云根有断时。
雉堞草荒埋废础，鹅峰苔老剥残碑。
危栏却倚青冥望，入眼分明自有诗。

明清时期，徽商足迹遍天下，大中小城市中徽州会馆林立，外出的徽州人将家乡的汪王崇拜带到了全国各地。在民间的崇拜中，一般称汪华为“汪公大帝”，较官方正式的封号还来得崇高。据道光年间的《吴江盛泽镇徽宁会馆缘始碑记》记载，苏州吴江县盛泽县的徽宁会馆中供奉的神灵有：

正殿三间，正供威显仁勇协天大帝神座；东供忠烈王汪公大帝神座；西供东平王张公大帝神座。殿之东建造行馆，供奉紫阳徽国朱文公。

民国年间古城岩风景照

徽宁会馆供奉的这些神灵中，协天大帝即关羽，东平王张公大帝即张巡，紫阳徽国朱文公即朱熹，都是有全国性重要影响的、广受各方祭祀的神灵，唯有忠烈王汪公大帝是徽州独有的。

七、万安古传说（下）
——朱元璋与徽州

（一）朱元璋遇险古城岩

在中国历代帝王中，明太祖朱元璋是唯一一位曾经亲身到过徽州的皇帝，徽州民间流传了大量关于朱元璋的传说。朱元璋曾经在万安古城岩避难获救一事更是为徽州人津津乐道，几至家喻户晓。1990 年编纂的《休宁县志》中收集了多个关于朱元璋的民间传说。

古城岩

朱元璋避难古城岩

寿山右侧有象峰，巨象蹲伏，石鼻前伸，长有 6 米余，下有石门夹峙，如双鹤引颈入崖内，俗称“交杯石”。相传朱元璋与陈友谅角逐败绩，曾避难于此。

另外有些传说则相当的神奇，如县志中记载的一则传说，称朱元璋曾靠古城岩君鱼（即刺鲅）获救：

传说朱元璋起义失利，逃至万安古城岩下。后面追兵甚急，见河面上一片鱼群，聚而不散，他便踩着鱼背过河，称帝后，封此鱼为“君鱼”。

（二）徽州民间传说中的明太祖朱元璋

除了上述朱元璋曾在古城岩遇险的传说外，徽州民间的其他一些传说则称朱元璋曾在徽州访求贤才、借粮求策。

朱元璋像

朱元璋与朱升的传说

相传元末名士朱升，是一个很有学问的人，他神机妙算，满腹才华。那时，朱升在霞瀛设馆教学。邻近的陈村是个水陆码头，有个姓夏的在那里开了一家店，做豆腐带酿酒。朱升好酒贪杯，放学后，经常来这店里喝几杯水酒，吃几块火焙毛豆腐，兴之所至，不问天晴落雨，钱不凑手时就赊账。

一天，夏某看看水牌上，朱升赊欠的钱已经不少，正自盘算如何开口讨还。朱升突然而来，笑问夏某想不想发财？夏某叹着气说："本小利微，哪有发财之份！"朱升教他："今夜动手打几双一尺二寸长的大草鞋，明日拿去河下挂在船桅上，有人向你买。只须如此如此……包你发个小财。"夏某将信将疑，但想到这个朱夫子素称敦厚稳重，从不捉弄人，就照办了。

原来，朱元璋在万安古城遇险，刘伯温急令驻婺源的胡大海，火速率军救驾。胡大海领兵昼夜兼程，但因休婺边境都是羊肠小道，他们穿的又都是牛皮靴，步行缓慢，胡大海下令脱掉皮靴，换上草鞋，果然步伐轻快了。只是胡大海本人生就一双大脚，沿路都买不到这么大的草鞋，好不心焦。这一天，路过陈村驻扎休息。胡大海信步来到水埠头，忽见渡船桅杆上挂着几双大草鞋，心中大喜，问是什么人的？可否转让？夏某迎上前去，指了指心口，点了点头。胡大海叫人将草鞋取下一试，正合脚，忙说几双全买了，问要多少钱？夏某伸出一只手，胡大海以为要五钱银子，就叫中军付给。夏某摇摇手，胡大海以为嫌少，吩咐中军拿出五两纹银。夏某还是摇手，胡大海好生恼火，但朱元璋军纪严明，不准强买百姓的东西，兼且救驾紧急，只得忍痛叫中军拿出五十两纹银，夏某喜出望外，逢人就说朱升是神人。

朱升在江西鄱阳湖滨某地开馆授徒，有几个学生搭伙，每天都剩下好些残饭。朱升吩咐厨师，将剩饭洗净晒干，装入米袋。几年下来，积了十袋饭干，朱升把这些饭干藏在一个山洞里，外面用土石封牢，尔后辞馆还乡，隐居石门教学。

后来，朱元璋与陈友谅角逐失利，被围困在鄱阳湖畔的山村里，一时断了粮草，算算援军要两天后才能赶到，朱元璋和刘伯温都急得团团转。君臣二人出村察看敌情，行至一个山峪里，看见许多老鼠在一个山洞口进进出出，刘伯温大喜，说："俗话讲老鼠要存三年粮，这么大的洞口，一定存有粮食。"于是，他调兵来挖，果然起出十袋饭干，解救了燃眉之急。饭干吃完，常遇春领援军赶到。朱元璋脱险后，想起那饭干必是能人所藏，否则，如何这般巧合？于是派人就近探听，终于访得朱升其人。

朱元璋打听到朱升隐居歙县石门，便带领侍从，由江西转浙江，过连岭，来到石门村，一打听，朱升就在祠堂里教书。朱元璋命侍从在村外等候，自己只身与朱升见面。朱元璋求贤若渴，恳请朱升出山辅佐他打天下，朱升婉言谢绝。朱元璋无奈，又向朱升请教安邦定国大计，朱升胸有成竹，不慌不忙说山三句话："高筑墙，广积粮，缓称王。"朱元璋一听，心中豁然大亮。从此，他认真恪守这三句话，终于建立了大明王朝。

朱元璋与赵汸的传说

元末，龙源村有个学馆，教学的东山先生是本村人，姓赵名汸字子常。

顺帝至正年间，动乱初起，赵东山预感到政局的动荡，必将引起经济上的饥荒，于是，他教家人、村民多种山芋，他把这些山芋收集起来洗成粉，制成砖块，晒干砌作墙壁，勤勤恳恳，连续几年。有人问他若此何为？他只说“将有大用”。

没过几年，天下饥馑，徽州也是饿殍遍地，时有饥民流入山村龙源，赵东山辄取芋砖，投于沸汤以餐之。

这时，朱元璋率兵驻扎徽州，军中粮草将尽，慕赵东山之名，领官兵三十余人，前来龙源访贤问计。

这天清早，赵东山料算到朱元璋要来，有意避而不见，他对学生说：“今天放假，我去高山采药”；又吩咐两个年龄大一点的学生：“如果有生客来，你可如此如此。”说罢，他便背着药篓上山去了。

朱元璋一行，策马来到村口，路边恰有一排木桩，大伙下马拴缰休息。朱元璋独自寻到学馆，两个学童趋前，躬身说：“先生上山采药去了，行踪不定，教我二人在此等候贵客，客人待会要什么尽管问，先生都安排好了。”朱元璋听说，不觉又惊又喜，打趣地说：“你先猜猜看如何？”两个学童从容地说道：“是不是三件事？一件是吃的，两件是用的！”朱元璋更惊讶了，他寻思此行只为借粮与问策二事，第三件是什么呢？学童指着不远两堵墙说：“先生有话，请贵客将那两堵墙拆走。先生还说他力不从心，聊助三日军粮，用它可作羹。”

朱元璋央学童领他去一看，这墙全是山芋粉砖砌成，上有木楼长檐，下是砖石台基，既通风，又避雨，所以芋砖久存不坏，心中大喜。学童又引朱元璋来到水口桥亭，指着神龛前覆盖的一只碗说：“贵人请看。”朱元璋掀开一看，一只朝天的螃蟹，肚脐上插了一根针。朱元璋沉思良久，点头称善。这时天气突变。随从员兵先后寻到桥亭，请示行止，朱元璋辞别学童，下令启行。两学童说：“乌云滚滚，眼看大雨就到，神座下一堆雨伞箬帽，是先生给贵客们预备的，请带着吧！”于是朱元璋和近侍取了雨伞，士兵各取箬笠，恰如其数。

原来，朱元璋愁虑着南京城固若金汤，急切不得下，赵东山道出了“蟹形甲兵坚胄，唯有脐门一虚。”他到南京后，就采取这一策略，找到了敌方兵力部署的薄弱环节，出其不意，攻其不备，一举获胜。

赵吉士所作《寄园寄所寄》中也保存了很多朱元璋与徽州的传说，内容相当有趣：

宋时有朝奉郎之官，太祖初定，徽民迎之者，皆自称曰朝奉。太祖曰："多劳汝朝奉的。"至今休歙犹沿其称。

朝奉其实是徽州对人的尊称，犹如"官人""相公"一类。明清时期徽商遍天下，外出的徽州商人多以朝奉互称，久而久之，经营地的百姓也多以此称呼徽州商人。在典当行业中，由于徽州商人特别是休宁商人占据了绝对优势，以至于所有的当铺掌柜，无论是否真为徽州人，都被人称作朝奉。

太祖初至徽，避雨于民屋门首，曰："尔民何不接檐？"民遵命，至今新安屋宇门皆重檐。

此处之重檐，即徽州古民居的门楼。如赵吉士所言可靠，则徽州古民居的建筑风格或许与朱元璋有相当关系。

元末天下乱，先东山公逆知将绝食，遂预以芋和粉，筑成砖形，砌墙于东山。其后大饥，饥民望烟火而来，东山公取芋砖一片，置沸汤中作羹，饥民赖以存活。后太祖兵至乏粮，公曰："吾当助三日饷。"

此条为前述朱元璋与赵汸传说的蓝本。

（三）正史记载中的朱元璋与徽州

实际上，朱元璋在徽州的主要事迹，正史是有明确记载的。至正十五年（1355）六月，朱元璋南渡长江，攻占了太平路（今安徽当涂），第二年三月，攻克了集克路（今江苏南京），改名应天府，作为最主要的根据地。朱元璋随即调兵遣将，进攻皖南的宣城、池州等地。至正十七年（1357）七月，朱元璋部下大将邓愈、胡大海打败了元朝的徽州守将，先后攻占了绩溪、歙县、休宁等地，朱元璋改徽州路为兴安府，设立雄峰翼元帅府，以邓愈为守将。九月，胡大海攻下婺源、黟县、祁门等地，完全占领了整个徽州。次年（1358）十二月，胡大海进攻婺州（今浙江金华）受阻，朱元璋遂亲率十万大军南下，经宣城到徽州。《明太祖实录》卷六详细记载了朱元璋在徽州的主要活动：

庚辰，上自宣至徽，召故老耆儒访以民事。有儒士唐仲实、姚琏者来见。上问之曰："丧乱以来，民多失业，其心望治甚于饥渴，吾深知之。"仲实对曰："自大军克复，民获所归矣。"又问曰："邓愈筑城，百姓怨乎?"仲实对曰："颇怨。"上曰："筑城以卫民，何怨之有？必愈所为迫促以失人心。"即命罢之。又问："尔能博通今古，必谙成败之迹。若汉高祖、光武、唐太宗、元世祖，此数君者平一天下，其道如何?"仲实对曰："此数君皆以不嗜杀人，故能定天下于一。主公英明神武，兼数君之长，驱除祸乱，未尝妄杀，出民膏火，措之于衽席之上，开创之功超于前代，然以今日观之，民虽得所归，而未遂生息。"上曰："此言是也。我积少而费多，取给于民，甚非得已。然皆为军需所用，未尝以一毫奉己，民之劳苦，恒思所以休息之，曷尝忘也。"仲实等曰："诚如是，民之生息可待矣。"上曰："有不便者尽言之。"仲实等皆拜谢。乃赐诸父老布帛，抚慰之而去。

从这条记载来看，朱元璋在徽州停留的时间很短，这个期间基本没有什么不测事件发生，此后攻打婺州的战斗进行得也很顺利，完全看不出有遇险的可能。

既然朱元璋并未在徽州有遇险状况发生，那么这些民间传说又从何而来呢？考察这个问题，应该注意以下几点。

其一，朱元璋确曾在徽州多方访求贤才。

《明太祖初录》中记载了朱元璋一到徽州就召集当地故老耆旧，所谈的内容包括两方面，一是朱元璋部下在徽州是否遵守军纪？徽州民间的实情如何？受到召见的唐仲实等人如实做了答复，表达了徽州百姓对邓愈筑城滥用民力有所不满，朱元璋对这些意见高度重视，下令免除百姓过度的负担。二是如何治国平天下？唐仲实等人对以"不嗜杀人，故能定天下于一。"这是典型的儒家"以人为本"的治国理念，也受到了朱元璋的重视。在朱元璋访求的徽州贤才中，朱升是尤其令人瞩目的一位。

朱升（1299—1370），休宁回溪人，《明史》卷一百三十六有他的传记：

朱升，字允升，休宁人。元末举乡荐，为池州学正，讲授有法。蕲黄盗起，弃官隐石门，数避兵逋窜卒，未尝一日废学。太祖下徽州，以邓愈荐，召问时务，对曰："高筑墙，广积粮，缓称王。"太祖善之。吴元年，授侍讲学士，知制诰，同修国史，以年老特免朝谒。洪武元年，进翰林学士，定宗庙时享斋戒之礼。寻命与诸儒修《女诫》，采古贤后妃事可法者编。上之大封功臣，制词多升撰，时称典核。逾年请老归，卒，年七十

朱升像

二。升自幼力学，至老不倦，尤邃经学，所作《诸经旁注》，辞约义精，学者称“枫林先生”。

朱升之所以会受到朱元璋重用，他所提出的“高筑墙，广积粮，缓称王”的战略是关键。朱元璋起家于淮泗，原本是濠州红巾军郭子兴的部下，郭子兴死后他逐渐崭露头角，但在当时参与混战的各路人马中还是相当弱小的，直到攻占南京后势力才迅速发展起来。朱元璋占据南京后，占领区的东北是占据苏南浙西的张士诚，西边是占据长江中游的陈友谅，东南是占据温州、宁波一带的方国珍，南边则是占据福建和江西部分地区的陈友定。在这些割据势力中，陈友谅最强，张士诚最富，实力都强于朱元璋，方国珍、陈友定也是各霸一方的强豪。朱元璋处在强敌环伺的艰难境地中，迫切需要一个既符合实际又有长远眼光的战略规划。

朱升建议“高筑墙”，就是要建立一个强大的根据地，充分蓄积军事实力。“广积粮”就是要重视农业生产。当时到处战乱，农村壮丁大部分从军去了，土地上的劳动力严重缺乏，加上战争蹂躏，粮食收成大减。各处军队的给养，形式上都是张贴大榜，招安乡村百姓，要求他们缴纳粮草，叫作“寨粮”，实际上主要是靠抢劫。朱元璋在朱升等人建议下，派出专人为都水营田使，专门负责修筑河堤，兴建水利工程，恢复农业生产，供给军需。朱元璋还分派诸将在各处开荒垦地，规定以粮食产量的多少来决定赏罚，把作战力量和生产力量合二为一，不但增强了战斗力，也加强了农业生产，做到了军粮无缺。“缓称王”，就是在实力尚弱的时候，不要急于称王称帝，追求过分的尊荣。过早称王称帝，目标较大，容易引起元朝集中力量来进攻，也会陷于孤立。

总的来说，朱升的这个“九字箴言”，就是先安定内部，发展生产，积蓄经济与军事实力，待时机成熟时再剪除其他割据势力，一统天下。这个建议完全适合朱元璋的处境，受到了高度重视，朱元璋此后统一天下、建立明朝基本上就是按照朱升的建议做的。所以，朱升提议的“高筑墙，广积粮，缓称王”，对于朱元璋的意义，一如诸葛亮“隆中对”对于刘备的意义。对比之下，诸葛亮的隆中对最后只是帮助刘备实现了三分天下，而朱升的“九字箴言”却确实帮助朱元璋统一了全国，足见这是一个多么英明的战略规划！

朱升墓

成功的战略规划当然会引起后世战略家的借鉴，1972 年 12 月 10 日，中共中央在转发国务院关于粮食问题的报告的批语中写道：

毛主席最近又一次指出，当前国内外形势大好，各级领导同志要谦虚谨慎，不要因为胜利就忘乎所以。毛主席讲了《明史·朱升传》的历史故事。明朝建国以前，朱元璋召见一位叫朱升的知识分子，问他在当时形势下应当怎么办。朱升说："高筑墙，广积粮，缓称王。"朱元璋采纳了他的意见，取得了胜利。我们现在所处的国内外大好形势和我们所坚守的社会主义制度和无产阶级立场，毛主席说，我们要"深挖洞，广积粮，不称霸。"毛主席的这一指示，使"备战、备荒、为人民"的伟大战略方针具体化了。

在这个指示中，毛泽东主席借用朱升当年的"九字箴言"来说明当时中国的国内外形势，进而提出"深挖洞、广积粮、不称霸"的战略要求。由于这个指示具有全局性的重要意义，曾经在全国广为宣传，也使朱升当年的这一建议一度在全中国人人皆知。

古城岩风景照

其二，朱元璋在与陈友谅的战争中确曾遇险，有徽州籍部下参与救援。

朱元璋在徽州除了吸收如朱升、唐仲实这样的儒生外，对其他社会各界也很注意争取他们的支持。这当中有两类人很重要，一类是富有的商人、地主，他们可以提供经济支持，例如婺源江湾人江松，"与伯父贾楚，让其先售，归而价踊，有巫人传胡总帅语，助公以风，济于湖，厚载而归，伯先一月竟后至，遂以富饶甲一方"，是一位有着传奇般发迹经历的大商人。在元末混战中，江松和兄弟联合民众自立一方，最终归顺了朱元璋："元季兵乱，公出家资募义勇数千保障，署义兵万户事，伪汉陈友谅素闻公名，书请贷粟，笞其使而却之。丁酉，天兵驻徽城，公曰'真主出矣。’十月，率众于邓院判前归附。明年，取婺源，条陈便宜有功。”又如歙县江村人江元，“具卓识，慷慨好义。明太祖入境，日久饷缺，公年已九十余，潜往窥之，曰：‘此真主也，生民自此苏矣。’助饷银十万以资接济，事平，以功钦授博士。”江元一次能拿出十万饷银资助朱元璋，其资财丰富可知。

朱元璋着力争取的另一类人就是徽州原有的地方军事势力。徽州在元末曾是徐寿辉红巾军与元军反复争夺的战场，经历过五年的大规模战乱，当地人民纷纷联合自保，婺源的汪同、休宁的程国胜等，都是当时崛起的地方武装势力。朱元璋入徽后，收编了这些地方武装，同时还大肆招兵买马，有不少徽州将士自此追随朱元璋南征北战。

在朱元璋统一天下的战争中，最关键的一仗当数至正二十三年（1363）在鄱阳湖与陈友谅的决战。当时，陈友谅倾尽全力，集兵六十万，大舰数十艘，朱元璋只有二十万人，用的是小船，双方自四月激战至八月，朱元璋数度遇险，赖部下将士救援得脱。程国胜当时为朱元璋帐前管军万户，在康郎山大战中为救朱元璋而力战身亡，被追封为安定侯，其事迹详载于朱备万所作神道碑中：

初，皇帝念癸卯岁南昌暨康郎山前后死节之臣，追爵故万户程国胜安定伯，与梁国公赵德胜、济阳郡公丁普郎等一体庙祀。久之，又定元功配享仁祖淳皇帝庙庭，诸外有庙食者亦皆赐谥加勋，遣使者致祭。有未备礼以葬者，官为给之，仍敕史臣勒功于神道之碑。于是安定伯之兄吉辅，以公尝驻兵富阳，爱其地，而公族人在杭者适献兆于县西长山之原，乃迁柩而窆焉。臣善谨奉诏，上故赠开国辅运推诚宣力武臣荣禄大夫柱国安定忠愍侯事曰：

公讳国胜，姓程氏，世居徽之休宁。初名元佐，既从军，上改赐今名。其先本陈镇西将军开府仪同三司忠壮公灵洗之后（以下叙述程国胜历代祖先简况，内容从略）。

公生而英伟，身长八尺，美须髯，见者知非常人。方元政衰，所在兵起，公慨然思以自见，乃与县人俞茂合婺源人汪同等，团结乡兵，以除寇乱。岁丁酉，天兵下徽州，卫国邓公发同与公等诣金陵，上大悦，命同还守婺源，以公等从征伐。邓公奏署公总管府先锋，分兵与裨将李克鲁徇下方山诸寨。

是岁十月，苗军杨完者部兵十万薄徽州，邓公择勇敢士往尝之，咸推公。公率百余人横戈鼓噪冲之，众皆辟易，自相枕藉，而统军胡大海之兵适至，因覆其营，生擒其将胡辛等二百人。杨完者仅以身免。以功迁管军总管（以下叙述程国胜转战严州、临安、乐平、抚州、南昌等地，所向披靡，屡立战功，内容从略）。

癸卯四月，有诏皇侄以大都督总诸将。友谅益发境内兵以巨舰来攻，皇侄分兵拒守。公守寺步门，寇犯之，与战，虏其将一人，寇兵夺气而溃。相拒凡八十五日，寇兵戴竹盾如箕，进薄抚州。门城坏三十余丈，邓公以火铳击退之，随立木栅。敌奋来争，且战且筑，通夕城完。公乃与牛海龙乘夜引兵劫贼营，海龙为流矢所中以死，公泅水得脱，见上于金陵，具言危困之状。

上得公惊喜，进升上万户。发舟师二十万，自将之，令公率亲兵宿卫帐下。与友谅大战康郎山，友谅骁将张定边奋前直犯御舟，舟适搁浅，公仗剑叱之，急与帐前左副指挥使韩成、水军元帅陈兆先驾飞舸左右奋击，会鄂国常公从傍射中定边，虢国俞公疾棹来援，舟进水涌，御舟遂脱。而公等反绕敌舰之后，援兵不接，力战死之，时七月戊子也。上闻，为之抚膺大恸，亲为文以奠焉。

公春秋仅三十有一。配汪氏，亦死于难，追封安定侯夫人。

公平生喜读书，慕节义，居家孝友，凡运筹决胜之方，不学而能。每战踊跃，率先赴敌，矢石交下，意气自如。坚城名寨，身至力取，一军无不下之者。上悉其名，故有赏赉锦衣名马，必先一军。

呜呼！癸卯距今盖二十五年矣。当草昧之时，群雄角逐，虽天眷真主，畀之爪牙宣力之臣，以佐大业，而公等委身效命，之死不悔，卒之勋载盟府，与古英烈之士俪美齐名，其高识绝见，则亦有非偶然者矣。

仰唯皇上奖忠酬勋，度越前古，恩礼之颁，不一而足，又将次第讨论，举行世禄之典，书之简牍，垂之后昆，实足以劝千万世为人臣者。

随着时间的流逝，朱元璋在徽州访求贤才，与陈友谅决战遇险为徽州籍部下所救，这些原始素材，一经民间的口耳相传，就逐渐出现了朱元璋和古城岩的各种传说。明代晚期，这些传说被正式载诸典籍，如万历三十五年（1607）成书的《休宁县志》记古城岩云：

东七里，曰古城岩，即万岁山，高八十仞，上为海阳治、歙州治旧基，下有巨石，高丈余，宋邑宰邹补之隶书兑卦为磨崖碑，山麓两巨石夹立如门，循门而上，有两石如鹅，入洞各见后半体。山巅为汪王故宫。相传，太祖高皇帝临新安曾驻跸占签，后敕祀榜文云“神兵助顺”，故名万岁山。

这段记载中的大部分是袭取旧县志的，最后一段朱元璋曾亲临古城岩占签、神兵助顺则是新增的，反映出当时朱元璋曾到古城岩的传说已经盛行，引起县志作者的注意，载入了典籍。到清代，相关传说就更神乎其神了，康熙《徽州府志》将古城岩一处石壁指为朱元璋避难之处，称为“龙飞古迹”：

龙飞古迹石。石在古城岩前石壁，中裂仅可容一人。明太祖起兵时避难夹壁中，后出，其石即飞落渐溪。方可二丈许，岩下凹入宛如削，盖神灵所护云，后人镌此四字于壁。

康熙《徽州府志》还附了一首清代万安旧市人赵时朗所做的诗：

汉主龙飞驻跸年，阴岩灵迹尚依然。
冯夷夜舞清溪月，神母秋号暮雨天。
仗外鸣驺长寂寂，沙边啼鸟自翩翩。
野花不识山河异，狼藉还开御路前。

通过上述考察可见，朱元璋在古城岩遇险得救只是一种民间传说。然而名人逸事，自古以来为人津津乐道，可谓无处不有，何况是朱元璋这样的开国皇帝，自然会与种种神奇的故事特别有缘。古城岩本来就是以历史底蕴深厚而著称于世，这些神奇的传说更增加了它的神秘色彩，也更能引发后人探奇寻幽的兴趣。

古城岩

明清时期万安街繁华异常，古城岩上建筑林立。依据道光年间县志中的寿山初旭图，山上除建有汪王庙、万寿塔、还古书院外，还建有观音殿、五猖殿和各类亭榭。高公桥桥头有亭院一所，溪边还建有高大的关帝庙一座。然而，在太平天国战争期间，万安遭到严重的破坏。咸丰五年（1855），太平军攻入徽州，古城岩上的还古书院、汪王故宫等大批建筑在战火中焚毁。战后，万安长期凋敝，直到民国年间方有所恢复，但休歙公路开通后再次衰落。古城岩在新中国成立后沦为采石场，民国年间复建的部分园林、亭榭、胜迹，多遭破坏，唯古塔、大桥尚存。

1999 年，香港金利嘉有限公司在休宁县政府的支持下，投巨资在古城岩兴建大型风景名胜区，于 2002 年 9 月 26 日落成开业。景区内建有从全县各地迁移而来的古牌坊、古民居、古祠堂、古庙、古门楼、古牌楼等，结合古城岩原有的历史文化遗迹，建成国家 AAA 级景区。在此，谨祝愿古城岩能获得新生，再创辉煌。